老人言

诸葛文 编著

·北京·

图书在版编目（CIP）数据

老人言 / 诸葛文编著 . -- 北京：中国经济出版社，2023.10
ISBN 978-7-5136-7444-7

Ⅰ. ①老… Ⅱ. ①诸… Ⅲ. ①名句—汇编—中国—古代 Ⅳ. ① H136.3

中国国家版本馆 CIP 数据核字（2023）第 173033 号

责任编辑	张娟娟
责任印制	马小宾
封面设计	静　颐

出版发行	中国经济出版社
印 刷 者	三河市嘉科万达彩色印刷有限公司
经 销 者	各地新华书店
开　　本	889mm×1194mm　1/48
印　　张	9
字　　数	200 千字
版　　次	2023 年 10 月第 1 版
印　　次	2023 年 10 月第 1 次
定　　价	78.00 元
广告经营许可证	京西工商广字第 8179 号

中国经济出版社　网址 www.economyph.com　社址 北京市东城区安定门外大街 58 号　邮编 100011
本版图书如存在印装质量问题，请与本社销售中心联系调换（联系电话：010-57512564）

版权所有　盗版必究（举报电话：010-57512600）
国家版权局反盗版举报中心（举报电话：12390）　　服务热线：010-57512564

序 言

流传千年的岁月精华，
受益一生的人生哲理！

  老人言是在悠久的历史中沉淀下来的人生智慧，是祖辈留给我们的精神财富，是思想的火花，是智慧的浓缩，是立身处世的法则，是生活求索的启迪。世间的道理经过时间的淘洗，褪去浮华，留下平实与伟大的智慧，值得我们每个人去学习、领会，并据此谨言慎行，礼行天下。
  本书版式设计独具匠心，各板块介绍详见下图。

近300幅精美的古艺术品图片
涵盖古画、器物、书法等，赏心悦目，诠释佳句。

独特的留白设计
独特的留白设计，让读者及时记下心得体会，展卷复观，更得新知。

精选200多句名言
包含自强不息、厚德载物、为人处世等范畴，译文晓达通畅，字字珠玑，句句藏言。

图解详细专业
关于古艺术品的基本信息、历史背景，以及艺术点评，都严谨专业，句句切中要点。

权威的古语出处
古语出处涵盖《论语》《孟子》《战国策》《吕氏春秋》等国学经典，是有根之木、有源之水。

老话品读传承
引领读者解读千古名句，还原经典，通晓中国人的处世哲学。

目录

壹	自强不息篇	- 001
贰	厚德载物篇	- 103
叁	为人处世篇	- 171
肆	淡泊明志篇	- 235
伍	人生智慧篇	- 307

壹 自强不息篇

[宋] 佚名 《柳阁风帆图》

　　湖边柳林茂密,楼阁半掩于林中。小桥上二人款款而行,湖面上两舟风帆如弓,正破浪而行,空中雁阵远去。全图景物疏密对比强烈,刻画精细,设色淡雅。

长风破浪会有时,直挂云帆济沧海

终有一天我必会乘风破浪,挂上云帆横渡大海,到达理想的彼岸。

【古语出处】

出自唐代李白的《行路难》:"行路难,行路难,多歧路,今安在?长风破浪会有时,直挂云帆济沧海。"

【品谈老话】

人们要有坚韧不拔、勇往直前的拼搏精神,只有付出努力,才有可能到达自己的目的地。

不详 佚名 《至圣先贤半身像·曾参》

曾子,姒姓,曾氏,名参,字子舆,是孔子的弟子,春秋末期的思想家、儒学大家,儒家学派的代表人物之一,被后世尊称为"宗圣"。其为人孝悌、诚信、勇毅。

士不可以不弘毅，任重而道远

有抱负的人不能缺乏刚强勇毅的品质，因为他们肩上的责任很重，而距离目标实现的路却很遥远。

【古语出处】

出自《论语》："士不可以不弘毅，任重而道远。仁以为己任，不亦重乎？死而后已，不亦远乎？"

【品谈老话】

做人一定要有吃苦不言苦、知难不畏难的进取精神，这样的人无论做什么事情都更容易取得成功。

三军可夺帅，匹夫不可夺志

军队的主帅可以被改变，但是男子汉的志向是不能被改变的。

【古语出处】

出自《论语》："三军可夺帅也，匹夫不可夺志也。"

【品谈老话】

"三军夺帅"是一件非常困难的事情，比这更难的是夺人之志。一个人志向坚定，才能不断地奋发向上。

[元] 钱选 《信国公遗像》

　　文天祥手持笏板立于一株梅花前。图中，人物神态自然，用笔精妙，以梅花比喻文天祥的凛然气节。"公之正气充塞四维，公之节义金石争奇。铁骨冰魂可方其姿，遥遥墨胎一源同归。"

[明]　佚名　《御制外戚事鉴·霍去病》

　　霍去病,河东郡平阳县(今山西省临汾市)人,西汉名将、军事家。他是少年将军,用兵灵活,勇猛果断。他率军前后六次出击匈奴,打通了河西走廊,大败匈奴左贤王,解除了匈奴对汉朝的威胁,战功赫赫。他为国建功立业的志向令后世称道。

男儿何不带吴钩,收取关山五十州

男子汉就应该横刀沙场,去收复失地,建立功勋。

【古语出处】

出自唐代李贺的《南园十三首·其五》:"男儿何不带吴钩,收取关山五十州。请君暂上凌烟阁,若个书生万户侯?"

【品谈老话】

"男儿当自强",男子汉应该心怀凌云志,做国家的栋梁,为国家建功立业。

［清］ 郎世宁 《乾隆皇帝大阅图》

乾隆四年（1739年），乾隆皇帝即位后首次亲临南苑检阅八旗军队。这幅图是乾隆皇帝当时的戎装像，由西洋画师郎世宁所绘，画面写实，画法细腻，人物富有立体感。画面背景简单，人物形貌凹凸分明，具备强烈的写实风格。

有志者,事竟成

有志向的人无论做什么事情都会成功。

【古语出处】

出自南朝宋时期范晔的《后汉书·耿弇传》:"将军前在南阳,建此大策,常以为落落难合,有志者事竟成也。"

【品谈老话】

这句话强调的是志向、信念对于成功的重要性。一个有志向的人往往有着坚定的信念,意志力强大,更容易成功。

［清］ 佚名 《陆游像》

陆游，字务观，号放翁，越州山阴（今浙江省绍兴市）人，南宋文学家、史学家、爱国诗人。陆游忧国忧民，力谏北伐，为收复中原、统一山河而奋战不息，历经挫折不改其志，足见其爱国情怀。

位卑未敢忘忧国

虽然自己职位卑微,却也不敢忘记担忧国事。

【古语出处】

出自宋代陆游的《病起书怀》:"病骨支离纱帽宽,孤臣万里客江干。位卑未敢忘忧国,事定犹须待阖棺。"

【品谈老话】

这句话体现着陆游的爱国热情。我们要在自己的岗位上尽职尽责,从点点滴滴做起,做好本职工作。

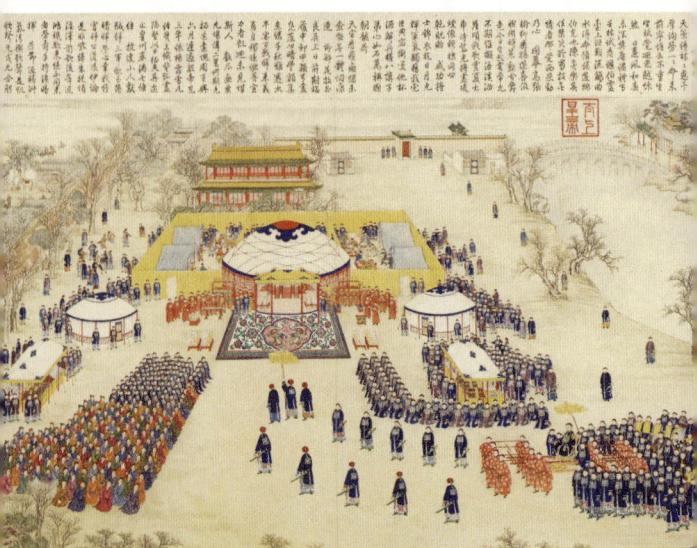

［清］ 郎世宁 《平定准部回部得胜图·凯宴成功诸将士》

此图描绘的是乾隆皇帝在修葺一新的西苑紫光阁前，为西征平叛的将士们举行庆功宴的场景。西征将士与王公贵族在紫光阁前分列两边，跪迎乘坐肩舆而来的乾隆皇帝，场面隆重而热烈。

将相本无种,男儿当自强

王侯将相并非天生注定,男儿若是想有所作为,就应该发愤图强。

【古语出处】

出自宋代汪洙的《神童诗》:"朝为田舍郎,暮登天子堂。将相本无种,男儿当自强。"

【品谈老话】

这句话告诉人们不要因为自己的出身而限制自己,普通人照样可以拥有凌云壮志。自强不息,必获成功。

天生我材必有用，千金散尽还复来

老天既然让我来到这世上，就必然有用得到我的地方。不必留恋金银财宝，就算钱财花完了，也能够再赚回来。

【古语出处】

出自唐代李白的《将进酒》："人生得意须尽欢，莫使金樽空对月。天生我材必有用，千金散尽还复来。"

【品谈老话】

这句话是李白对于人生的感悟，充分体现了他乐观、豁达的人生态度。人生海海，没必要在意一时的得失，今日失去的终有一天会再回到自己手中。

[清] 苏六朋 《太白醉酒图》

此图描绘的是李白醉酒于唐玄宗的宫殿之中的情形。图中的李白头戴学士巾，身穿白色长袍，腰系红带，醉意中透出桀骜之气。两位内侍前后相扶，更衬托出李白的出尘之姿。

[清] 佚名 《项羽像》

项羽,名籍,字羽,泗水下相(今江苏省宿迁市)人,秦末起义军将领,杰出的军事家,自封为西楚霸王。项羽勇猛好武,但刚愎自用,终被刘邦军队围困于垓下,突围至乌江后自刎而亡。

生当作人杰,死亦为鬼雄

活着的时候要努力成为人中豪杰,死了以后也要成为鬼中英雄。

【古语出处】

出自宋代李清照的《夏日绝句》:"生当作人杰,死亦为鬼雄。至今思项羽,不肯过江东。"

【品谈老话】

人活一世,要努力奋斗,实现自我,成为有价值的人。

[明] 佚名 《帝鉴图说·笑祖俭德》

《帝鉴图说》是明朝名相张居正亲自为当时年纪尚小的万历皇帝编撰的一本帝王教科书。整本书以讲故事为主,配以精美的插画,寓教于乐。此图取材于南朝宋孝武帝刘骏奢华无度,嗤笑其祖父宋武帝刘裕节俭有辱帝王之尊的故事,以此来劝谏帝王弥厉恭俭,勤政亲贤。

忧劳可以兴国，逸豫可以亡身

忧虑辛劳可以使国家兴盛，安闲享乐必定会祸害终身。

【古语出处】

出自宋代欧阳修的《新五代史》："忧劳可以兴国，逸豫可以亡身，自然之理也。"

【品谈老话】

这句话的本义是在谈君主修身治国之道。君主勤奋且未雨绸缪就能使国家兴旺发达，若贪图安逸自在，那么国家必会灭亡。

古来青史谁不见,今见功名胜古人

自古以来名垂青史的功臣屡见不鲜,如今将军的功名已经胜过古人。

【古语出处】

出自唐代岑参的《轮台歌奉送封大夫出师西征》:"亚相勤王甘苦辛,誓将报主静边尘。古来青史谁不见,今见功名胜古人。"

【品谈老话】

这句话告诉我们,要努力成为强者。古往今来,只有强者才会得到尊重,而弱者只能得到同情。

［明］ 佚名 《将军像》

此幅或是明朝金朝兴像。金朝兴，明朝开国将领，有勇有谋，参与了平定陈友谅、张士诚和北伐元朝的战争。洪武十五年（1382年），金朝兴在征伐云南时去世，追封沂国公，谥武毅。

[清] 弘旿 《岱岩标胜·岱顶》

  此幅画是清朝宗室书画家弘旿所作，描绘了泰山之巅——岱顶的景色。泰山又名岱山、岱宗、岱岳、东岳、泰岳，为五岳之一。岱顶集中了泰山自然风光与名胜古迹的精华，在这里可以欣赏各种地理、气象奇观与人文景观，并体会"登泰山而小天下""一览众山小"之诗意。

会当凌绝顶,一览众山小

登上泰山的山顶后,再去俯瞰众山,就会觉得它们很渺小。

【古语出处】

出自唐代杜甫的《望岳》:"岱宗夫如何?齐鲁青未了。造化钟神秀,阴阳割昏晓。荡胸生曾云,决眦入归鸟。会当凌绝顶,一览众山小。"

【品谈老话】

登上泰山的顶峰之后,才能极目远眺,俯瞰周边群山,原来高高的群山都变小了。即使登顶之路再艰难,也要有勇攀高峰之志,在攀登的路上困难会被我们一一打败。

笨鸟要先飞,笨人要先行

没有天分的鸟要先起飞,没有天分的人要抢先行动。

【古语出处】

出自元代关汉卿的杂剧《状元堂陈母教子》:"二哥,你得了官也。我和你有个比喻:我似那灵禽在后,你这等坌鸟先飞。"

【品谈老话】

聪明的鸟儿比愚笨的鸟儿飞得快,但是愚笨的鸟儿一旦占了先机,也有可能逆风翻盘。天资愚钝的人要想获得成功,就不能偷懒,要抢先行动。

[宋] 赵佶 《桃鸠图》

此图是宋徽宗赵佶早期创作的作品,描绘的是桃花枝上栖息一只鸠鸟的情景。桃花与枝叶勾勒精细,鸠鸟生动自然,眼睛用生漆点染,卓有神采。整幅画用色古朴华丽,构图完美,美感十足。

[清]　关槐　《香山九老图》（局部）

　　白居易、胡杲、吉旼、郑据、刘真、卢慎、张浑、狄兼谟、卢贞九人在洛阳香山聚会，合称"香山九老"。志趣相投的九位老人，远离世俗，忘情山水，后人慕之才学气节，绘为《香山九老图》。

大方无隅，大器晚成

最方正的东西没有棱角，最大的器具最后完成。

【古语出处】

出自春秋时期老子的《道德经》："大方无隅，大器晚成，大音希声，大象无形。"

【品谈老话】

宽宏大度的人没有阴暗的心理，能担当大事的人往往需要历练。老子的这句话带给我们的是一种成长的智慧，更是一种判断他人的智慧。

[清] 仇英 《人物故事图·明妃出塞》

　　王昭君，名嫱，字昭君，美貌聪慧，原为汉宫宫女。公元前 33 年，汉属国南匈奴首领呼韩邪来长安朝觐天子，并自请为婿。汉元帝将宫女王昭君赐给了呼韩邪。王昭君到匈奴后，被封为宁胡阏氏。公元前 31 年，呼韩邪去世，从汉成帝敕令，王昭君再嫁呼韩邪长子。王昭君为汉匈和平相处做出了贡献。

豹死留皮,人死留名

豹子死了会留下珍贵的皮毛,人死了会留下美名。

【古语出处】

出自宋代《新编五代史平话》:"豹死留皮,人死留名,大丈夫怎肯负人恩德?"

【品谈老话】

这句话告诉我们,要珍惜自己的名声。在历史的长河中,人的一生其实很短暂,好的名声却能千古流传。

[明] 陆治 《竹报平安图》

此图描绘了三只鹌鹑在花竹湖石下嬉戏觅食的情景。竹节笔直挺立，湖石嶙峋奇绝，古画常以此比喻文人气节。竹报平安，是中国传统画中的常见题材，鹌鹑也寓意平安。

人争一口气,佛争一炷香

做人一定要有志气,要活出自我,挣得尊严。

【古语出处】

出自明代《增广贤文》:"人争一口气,佛争一炷香。"

【品谈老话】

做人要有骨气,有志气,尤其是在逆境中,不能因为痛苦而丢掉基本的尊严。要全力以赴,活出自我,活出精彩。

[清] 张宗苍 《秋山行旅》

此图描绘的是峻峭的山峰上,树叶已稀,青松苍翠,左侧的山路上,行人络绎不绝。乾隆皇帝为此图题诗:"行路何须叹苦辛,满山红叶绝胜春。静观一笑两间者,若个而非逆旅人。"保持笑傲艰辛的坦荡,方能最终达成目标。

行百里者半九十

一百里的路程,走了九十里才算走了一半。

【古语出处】

出自汉代刘向整理编订的《战国策》:"行百里者半于九十。"

【品谈老话】

目标尚未达成,不可放慢脚步,也不可低估困难。做事情越接近成功越困难,越要认真对待。

苍龙日暮还行雨,老树春深更著花

苍龙到了晚上还在行云布雨,老树到了暮春更是开出新花。

【古语出处】

出自明末清初顾炎武的《又酬傅处士次韵二首·其二》:"愁听关塞遍吹笳,不见中原有战车。三户已亡熊绎国,一成犹启少康家。苍龙日暮还行雨,老树春深更著花。待得汉庭明诏近,五湖同觅钓鱼槎。"

【品谈老话】

几百年前,面对故国沦丧的顾炎武忧心忡忡。这句诗告诉人们,老骥伏枥,志在千里,人至暮年依旧可以发光发热。

[清] 王翚 《仿李嵩古木鹤群》

绵延山峦间,一道清泉曲流而来,两岸草木葱郁,白花成片。岸边一株老树于高岩之上斜探半空,枝叶繁茂,引三只仙鹤栖息其间。全图用笔工整精细,用色雅致古朴,构图疏密得当,物态刻画生动。

[明] 文徵明 《听泉图》

淡烟疏林间,一道清泉曲折而下,一位红衣士人独坐林下凝神听泉,与泉声相应。整幅画笔墨灵秀,笔简意远。

问渠那得清如许?为有源头活水来

> 池塘中的水为何会这么清澈?因为有一股活水不断地从源头流来。

【古语出处】

出自宋代朱熹的《观书有感》:"半亩方塘一鉴开,天光云影共徘徊。问渠那得清如许?为有源头活水来。"

【品谈老话】

人生在世,只有不断地学习、探索,才能永远保持向上的活力。

[清] 佚名 《胤禛行乐图册·书斋写经》

《胤禛行乐图册》共 16 开,画中人物都是雍正帝胤禛。每幅画根据四时之景,设置不同的场景,雍正帝扮成文士、渔翁、道士等,或观山,或近水,或闲居,在清雅的意境中,追寻淡泊隐逸的情怀。此图描绘的是胤禛身着文士服饰,展纸执笔写经的场景。

书山有路勤为径,学海无涯苦作舟

想学到知识,就必须努力学习。

【古语出处】

出自唐代韩愈的《古今贤文·劝学篇》:"书山有路勤为径,学海无涯苦作舟。"

【品谈老话】

这句话讲的是在学习的过程中勤学苦练的重要作用,只有勤奋努力、肯吃苦,才能在浩瀚的知识海洋中获得真知。

功崇惟志,业广惟勤

能取得成功是因为有伟大的志向,能成就伟大的事业是因为辛勤不懈的工作。

【古语出处】

出自《尚书》:"学古入官,议事以制,政乃不迷。……戒尔卿士,功崇惟志,业广惟勤,惟克果断,乃罔后艰。"

【品谈老话】

这句话告诉我们,凡是有所成就的人,都是有目标并且为之付出辛勤汗水的人。一个人如果既没有目标,也不愿意努力,那他必然不会取得成功。

[清]　唐岱、沈源　《圆明园四十景·勤政亲贤》

　　《圆明园四十景》是由乾隆皇帝下旨，由宫廷画师绘制而成的四十幅分景图，它再现了圆明园全盛时期的风景。1860年英法联军火烧圆明园时，这套图被掠走，现存于法国国家图书馆。勤政亲贤为圆明园四十景之一。勤政殿位于正大光明殿东，为前朝区的重要组成部分，是清朝皇帝在园内听政和处理日常政务的场所。勤政殿外檐悬雍正皇帝御书"勤政殿"匾，用以提醒皇帝为政辛勤，亲近贤臣。

[清] 佚名 《同治帝游艺怡情图》

此图描绘的是年轻的同治皇帝身着便服,伏案书写的情景。图中所绘陈设丰富,描绘细腻。

黑发不知勤学早,白首方悔读书迟

年轻的时候不知道好好学习,老了才后悔自己年少时没有努力读书。

【古语出处】

出自唐代颜真卿的《劝学诗》:"三更灯火五更鸡,正是男儿读书时。黑发不知勤学早,白首方悔读书迟。"

【品谈老话】

这句话说的是人在拥有时间时不好好珍惜,年纪大了才开始后悔。告诫人们一定要在大好的年华里努力学习,提升自己,不要虚度光阴。

三人行,必有我师

几个人同行,其中必定有可以做我老师的人。

【古语出处】

出自《论语》:"子曰:'三人行,必有我师焉。择其善者而从之,其不善者而改之。'"

【品谈老话】

不管一个人的学问有多好,总有自己不擅长的地方。每个人擅长的方面不同,我们应当抱着虚心的态度去学习。

［明］ 仇英 《帝王道统万年图·周武王》

《帝王道统万年图》描绘了古代二十位帝王明君,系工笔人物画册。全册色调以青绿重彩为主,间或用泥金勾边,画面鲜艳、华丽。该图为周武王问政于箕子。

[宋] 刘松年 《山馆读书图》

此图描绘的是山馆之中，一名书生正聚精会神地读书。屋外高松挺立，草木葱茏，书童正执帚扫地。清雅静谧的环境正适合惜时学习。

生有涯而知无涯

生命是有限的,而知识是无限的。

【古语出处】

出自《庄子》:"吾生也有涯,而知也无涯。以有涯随无涯,殆已!"

【品谈老话】

这是庄子在感叹知识的无止境和生命的有限。正是因为人生短暂,我们才要抓紧时间学习。活到老,学到老。

请君莫奏前朝曲,听唱新翻杨柳枝

请你不要再弹奏前朝的曲子,来听听新创作的《杨柳枝》吧!

【古语出处】

出自唐代刘禹锡的《杨柳枝词九首·其一》:"塞北梅花羌笛吹,淮南桂树小山词。请君莫奏前朝曲,听唱新翻杨柳枝。"

【品谈老话】

这句话时常用来奉劝守旧的人不要墨守成规,无论做什么事情,都要有勇于创新的精神。

[五代] 周文矩 《按乐图》

此图描绘的是庭园中,宫中女乐五人演奏乐曲的场景。庭园中朱漆雕栏,文石芭蕉相映,悠闲雅致。

[宋] 马远 《松下弹琴图》

此图描绘的是山石劲松下,一位高士在聚精会神地抚琴,表情自然,对面听客静静地听着,童子拱手侍立一旁。全图设色典雅,繁而不乱。马远是宋代著名的山水画家,所画山石刚劲有力,意境空灵。

操千曲而后晓声,观千剑而后识器

练习了很多支乐曲才懂得音乐,观赏了很多柄剑才懂得如何识别剑器。

【古语出处】

出自南朝刘勰的《文心雕龙》:"凡操千曲而后晓声,观千剑而后识器。故圆照之象,务先博观。"

【品谈老话】

要学会一项技能,不是一件容易的事情,需要不断的实践。

[宋] 萧照 《关山行旅图》

萧照是南宋著名的山水画家,师从李唐。据记载,靖康年间,大批北宋难民南渡,李唐也在其中。行至太行山时,李唐一行人忽遇劫匪,当劫匪得知所劫之人是画家李唐时,当即拜入李唐门下。劫匪便是萧照。这幅画描绘出太行山的山形地貌。

不登高山,不知天之高也

不攀登高山,就不知道天有多高。

【古语出处】

出自战国时期荀子的《劝学》:"故不登高山,不知天之高也;不临深溪,不知地之厚也。"

【品谈老话】

这句话告诉我们,要想获得知识,就要去实践,在实践中得出结论。

[宋] 李唐 《灸艾图》

此图又名《村医图》，描绘的是古代郎中用灸法为村民治病的场景。图中一名身形瘦弱的老人正裸露上身，其背上正熏着两根燃着的艾草。老人张开嘴巴似因疼痛而喊叫，其身后郎中躬腰施灸，表情严肃。

观众器者为良匠,观众病者为良医

> 只有观察过很多器物的人才能成为优秀的工匠,只有看过很多疾病的人才能成为优秀的医生。

【古语出处】

出自宋代叶适的《法度总论》:"观众器者为良匠,观众病者为良医。"

【品谈老话】

要想提高技能,就必须多观察、多实践。

[清] 恽寿平 《仿古山水册·郭河阳寒山行旅》

画中树枝如蟹爪下垂,长松巨石、回溪断崖独树一帜,笔力劲健,笔墨简洁。近景一队行旅,正向山间小径前行。雄伟的自然景色与山路间小小的行旅相对比,更显示出人们脚踏实地、坚毅前行之态。

千里之行,始于足下

走千里远的路程,是从迈出第一步开始的。

【古语出处】

出自春秋时期老子的《道德经》:"千里之行,始于足下。"

【品谈老话】

梦想是很遥远的,想要实现它,需要从眼前一点一滴的小事做起。

冰冻三尺，非一日之寒

冰冻了三尺，并不是一天的寒冷就能达到的效果。

【古语出处】

出自汉代王充的《论衡》："故夫河冰结合，非一日之寒；积土成山，非斯须之作。"

【品谈老话】

任何成就，都需要经过长时间的积累才能达成，没有捷径。

[清] 金廷标 《冰戏图》

　　隆冬严寒，万物萧瑟，十名儿童在结冰的池塘上玩耍。有摔倒的，有勉力支撑的，有嬉笑欲试的，景色虽单调却难掩童趣。

德不孤，必有邻

品德高尚的人不会孤单，一定会有志同道合的人来和他相伴。

【古语出处】

出自《论语》："子曰：'德不孤，必有邻。'"

【品谈老话】

如果理想和现实有差距，品德高尚的人只要努力实现自我，就一定会吸引志同道合的朋友一起奋斗。

君子敬以直内，义以方外

君子往往用严肃、认真的态度来直面自己的内心，以义德来规范自己的行为。

【古语出处】

出自《周易》："君子敬以直内，义以方外。"

【品谈老话】

君子往往用严肃、认真的态度来正视自己内心的阴暗，不逃避，不遮掩；做事光明磊落，不卑微，不傲慢。

［唐］ 孙位 《高逸图》

[清] 王愫 《深柳读书堂图》

此图描绘的是一座草堂深藏在柳荫中,一位读书人在草堂里刻苦读书,草堂外一名书童正捧书行来。远山连绵,柳荫深深,这里是静心学习的绝好场所。

博观而约取,厚积而薄发

博览群书,取其精华;长久地积累,精当地表达。

【古语出处】

出自宋代苏轼的《稼说送张琥》:"博观而约取,厚积而薄发,吾告子止于此矣。"

【品谈老话】

善于积累、精于应用的人,更容易获得成功。

[明] 仇英 《园林清课图》

此图绘林竹繁茂的乡野间,有一座院落,院落中有厅堂、书斋、作坊等建筑,穿过花篱是园池区,馆舍、亭榭围绕池畔构筑。众人在其中读书、涤砚、纺纱、游园,皆自得其乐,充满雅逸的生活情趣。

知之者不如好之者

知道如何学习的人不如喜爱学习的人。

【古语出处】

出自《论语》:"知之者不如好之者,好之者不如乐之者。"

【品谈老话】

这句话告诉我们兴趣的重要性,只有将学习当成乐趣,才能学有所成。换言之,只有当我们真正热爱一件事情的时候,才会不知疲倦,也更容易有所得。

少成若天性,习惯成自然

小时候养成的习惯就如同人的天性一样,很难改变。

【古语出处】

出自汉代贾谊的《治安策》:"故择其所嗜,必先受业,乃得尝之;择其所乐,必先有习,乃得为之。孔子曰:'少成若天性,习贯如自然。'"

【品谈老话】

这句话强调了儿时养成的习惯对于个人成长的重要性,好习惯是可以影响人的一生的。

[元] 佚名 《夏景戏婴图》

此图描绘的是孩童在水边园林中嬉闹的情景。图中垂杨成荫,奇石青苔,荷叶片片,正是夏季景象。园林中,一童举荷叶,一童执榴花,一童持宫扇。另有两童扶几,几上供奉着钟馗。近处一童用绳子牵着蟾蜍,一童随其后与蟾蜍嬉戏。这幅图充满了童趣。

[宋] 马远 《江荫读书图页》

此图描绘的是岸边石桌旁,读书人凝神观梅的情景。远山缥缈,岸边山岩高耸,梅树奇崛,读书人昂首观梅,饶有兴趣。全图设色清丽,笔触精细。

学向勤中得,萤窗万卷书

> 学问是在勤奋中得来的,前人以囊萤取光,也能读很多书。

【古语出处】

出自宋代汪洙的《勤学》:"学向勤中得,萤窗万卷书。三冬今足用,谁笑腹空虚。"

【品谈老话】

只有努力刻苦、勤奋学习的人,才能获得成就。

[清] 佚名 《胤禛美人图·倚榻观鹊》

屋内一名女子斜倚榻上，向外望去，屋外山竹青翠，两只喜鹊在竹枝上鸣叫。女子目视喜鹊，不觉入神。全图设色鲜丽，人物娴雅。

近水知鱼性，近山识鸟音

在水边待久了，就会了解鱼的习性；在山林里待久了，就懂得分辨鸟的叫声。

【古语出处】

出自明代《增广贤文》："近水知鱼性，近山识鸟音。"

【品谈老话】

接触的时间长了，就会对事物有一定的了解，这强调了观察和实践的重要性。

[清] 佚名 《康熙帝读书像》

书房内,康熙帝盘腿静坐,身前放着一卷翻开的书籍,身后的书架上摆放了各种书籍。康熙帝精神奕奕,凝神直视前方。历史上的康熙帝不但勤勉好学,涉猎广泛,还是一名实干家,在他的治理下,清朝走向鼎盛。

纸上得来终觉浅，绝知此事要躬行

从书本上得来的知识毕竟是浅显的，如果想要真正领悟书中的道理，还是要亲身实践才行。

【古语出处】

出自宋代陆游的《冬夜读书示子聿》："古人学问无遗力，少壮工夫老始成。纸上得来终觉浅，绝知此事要躬行。"

【品谈老话】

读书固然很重要，但是整日思考而没有行动，是没有办法学以致用的。只有将学到的知识付诸实践，才能更好地掌握知识。

[清] 佚名 《图像三国志演义·吕蒙》

吕蒙，字子明，汝南富陂（今安徽省阜南县）人，东汉末年名将，其"士别三日，即更刮目相待"成为以勤补拙、力学笃行的名言。

士别三日,当刮目相待

三日不见,要用新的眼光去重新看待这个人。

【古语出处】

出自晋代陈寿的《三国志》:"蒙曰:'士别三日,即更刮目相待。……'"

【品谈老话】

人在一段时间里的进步很大,要用全新的眼光去看他。我们也要努力成为这样的人。

[清] 王翚 《夏山高隐图》

此图描绘的是崇山峻岭间,瀑布孤悬,草木茂盛,溪流自山岭穿行而下,沿途有几座房舍。近处右侧的房舍内,一位高士手持羽扇坐在榻上,童子在一旁侍奉。左侧的房舍内,一名妇人正在劳作。溪水流淌,其上有小桥横卧。画面上方,山间小路上一人行来。全画的意境静谧、清幽。

嚼得菜根，无事不成

如果连菜根都能吃，那这个人就什么事情都能做成。

【古语出处】

出自明代洪应明的《菜根谭》："嚼得菜根，百事可为。"

【品谈老话】

一个人只要能够吃苦，就什么事情都能做成。

时人不识凌云木,直待凌云始道高

当时的人并没有看出这是一棵大树,直到它长得高高的,人们才感叹它高大挺拔。

【古语出处】

出自唐代杜荀鹤的《小松》:"自小刺头深草里,而今渐觉出蓬蒿。时人不识凌云木,直待凌云始道高。"

【品谈老话】

世人大多目光短浅,往往因为一个人最初的弱小,而忽视了他以后的成长。我们要善于发现人才。

[明] 吴家凤 《万木齐风图》

远山高耸,白云在山腰浮动。近处有瀑布自峭壁间倾泻而出。山上长松挺立,郁郁葱葱。山脚下,松林清溪中有一间草亭,红衣游者似沉醉景中。画面构图层次分明,疏密有致,用色厚重。

[清] 任伯年 《梅雀图》

图中红梅数枝,苍劲的梅枝上白雪皑皑,而枝头的梅花依旧殷红艳丽。梅枝上立着六只麻雀,另有两只正向外飞翔。此图动静相宜,用色鲜亮,虽是寒冬,却生机勃勃。

不经一番寒彻骨,哪得梅花扑鼻香

不经历一番彻骨的寒冷,怎么能闻到梅花的芳香呢?

【古语出处】

出自唐代黄檗禅师的《上堂开示颂》:"尘劳迥脱事非常,紧把绳头做一场。不经一番寒彻骨,怎得梅花扑鼻香。"

【品谈老话】

一个人在走向成功的道路上,必然会经历许多挫折和考验,最终才会苦尽甘来。

[明]　周臣　《春泉小隐图》

图中主人正在湖边的草堂内伏案静息，草堂内陈设简洁、宽敞明亮。草堂外有古松、奇石，一位童子正持帚清扫。湖面春水潋滟，小桥连岸，对岸青山连绵，隐于天际。此图体现出文人雅士的闲适之趣。

一湾死水全无浪,也有春风摆动时

就算是一湾死水,也会在春风的吹拂下泛起涟漪。

【古语出处】

出自元代戴善夫(一作戴善甫)的《陶学士醉写风光好》:"我正是忒坎坷,自怨咨,九重天忽有君恩至。正是一湾死水全无浪,也有春风摆动时。"

【品谈老话】

面对困境不要失意,不要丧失斗志,你终会如那被春风吹拂的死水一样,有时来运转的一天。

千磨万击还坚劲,任尔东西南北风

经历无数磨难依然身姿挺拔,任凭刮什么方向的风,都不会动摇。

【古语出处】

出自清代郑燮的《竹石》:"咬定青山不放松,立根原在破岩中。千磨万击还坚劲,任尔东西南北风。"

【品谈老话】

这句话是在歌颂竹石历经千番磨难、万般打击,仍然坚韧不屈的品质。做人也是如此,无论遭受什么打击,都要继续顽强拼搏。

[明] 吕端浚 《竹图》

图中有劲竹三竿,竹叶在风中摇曳,竹干傲然不动,一旁湖石磊落,兰草葳蕤。

要得惊人艺,须下苦功夫

> 想要取得很大的成就,就要下一番苦功夫。

【古语出处】

出自当代作家冯育楠的《津门大侠霍元甲》:"俗话说:'要得惊人艺,须下苦功夫。'"

【品谈老话】

这句话告诉我们付出也许不会有回报,但想要得到回报,就必须先付出。当我们想要实现某个目标,就要为之努力奋斗,也许会失败,但至少不会后悔。

[晋] 王羲之 《兰亭集序》（局部）

"天下第一行书"《兰亭集序》记录了王羲之与谢安、孙绰等41位文人雅士在兰亭雅集之事。全文笔法秀逸，遒媚劲健，为王羲之得意之作，亦被后世文人尊崇。获得这般成就，自然离不开王羲之在书法上下的苦功。

[明] 钱榖 《雪山行旅图》（局部）

　　图中溪谷幽深，笔势苍劲，山势堆叠而上，山岩积雪皑皑，行旅者披蓑骑驴，童仆担囊步行。尽管行路漫漫，天地苦寒，二人却毅然前行，在枯木寒意中见人心之坚韧。

世上无难事,只怕有心人

只要肯下定决心去做,世上就没有办不好的事情。

【古语出处】

出自宋代陈元靓的《事林广记》:"世上无难事,人心自不坚。"

【品谈老话】

世上并没有真正的难事,很多时候都是我们在给自己设限,只要内心坚定,任何困难都能克服。

毛羽未成,不可高飞

幼鸟的羽毛还未丰满,是不能展翅高飞的。

【古语出处】

出自汉代司马迁的《史记》:"秦王曰:'毛羽未成,不可以高蜚;文理未明,不可以并兼。'"

【品谈老话】

做大事的前提是要懂得蛰伏,在蛰伏中积蓄力量,让条件一日日地完备起来。

[宋] 佚名 《杨柳乳雀图》

　　图中描绘的是雀鸟哺幼之景。图中小雀翅羽虽丰,仍不足以高飞,成鸟衔虫哺食,柳枝飘垂。全图简约传神,生动形象。

常说口里顺，常做手不笨

经常说的人说起话来自然顺口，经常做手工的人做起东西来自然灵巧。

【古语出处】

出自清代李汝珍的《镜花缘》："俗话说的'熟能生巧'，舅兄昨日读了一夜。不但他已嚼出此中意味，并且连寄女都听会，所以随问随答，毫不费事。"

【品谈老话】

无论什么事，倘若能够经常去做，就可以熟能生巧，比别人做得又快又好。

[清] 佚名 外销画

中国外销画兴盛于18—19世纪,囊括了国内的风俗、风景、各行各业、居家生活等多种题材,是当时外国人了解中国的最佳途径。图中画的是中国传统手工业——织布。画中人物在织布机上持梭织布,技艺纯熟。

山高自有客行路,水深自有渡船人

山再高也有行走的人,水再深也有乘船的人。

【古语出处】

出自明代吴承恩的《西游记》:"师父说那里话。自古道:'山高自有客行路,水深自有渡船人。'岂无通达之理?可放心前去。"

【品谈老话】

世事不在于是否艰难,而在于你肯不肯奋斗。一件事情只有开始去做,才有可能取得成功。

[清] 王翚 《秋山行旅图》

　　秋山巍峨，云雾环绕，山间有瀑布飞流而下。近处岗岭起伏，栈道、桥梁、楼阁穿插其间，还有苍松翠柏，茂林修竹。行旅人或骑马渡溪，或沿栈道前行，或荷锄而归，均前行不辍，向目的地行去。

[明] 陆治 《锦圃鸣春图》

图中描绘的是牡丹园内花团锦簇、鸟儿鸣春的热闹景象。地面上怪石嶙峋,牡丹花争妍斗艳,两只孔雀或在地上觅食,或在石上鸣叫。一旁的玉兰树枝叶繁茂,花朵莹洁清丽,枝头鸟儿叽叽喳喳,更显热闹。全图用笔细致,颜色艳丽。

不鸣则已,一鸣惊人

平时没有什么突出的表现,却一下子做出了惊人的成绩。

【古语出处】

出自汉代司马迁的《史记》:"此鸟不飞则已,一飞冲天;不鸣则已,一鸣惊人。"

【品谈老话】

这句话既讲到了韬光养晦的处世智慧,也表明了抓住时机展现自我的重要性。

藏器于身,待时而动

一个人要把自己的本领藏起来,在必要的时候展示出来。

【古语出处】

出自《周易》:"君子藏器于身,待时而动。"

【品谈老话】

我们在做任何事情以前都要做好充分的准备工作,在等待中磨砺自己,时机来了立即采取行动。这里强调了时机的重要性。

[清] 青玉御题蚕纹璧

此玉璧是清乾隆时期的文物,仿战国玉璧,青玉质,在花纹装饰上进行了改动,以绳纹为界,纹饰分为内外两个区:内区饰以蚕纹,外区遍饰夔龙纹和兽面纹。在璧的侧边阴刻乾隆皇帝的御制诗:"周尺竟逾尺,斯今亦匪今。羊脂略无玼,玉叶果生琳。子爵执诚合,王孙语漫侵。琢章每师古,可以识予心。"君子如玉。玉刚开采出来时,外观如顽石般不张扬,待时机来临,通过琢磨逐渐展现内在的美好品质。

贰 厚德载物篇

[宋] 马远 《孔丘像》

孔子,名丘,字仲尼,春秋时期鲁国陬邑(今山东省曲阜市)人,我国古代著名的思想家、政治家、教育家,是儒家学派的创始人。他为人正直谦逊,行事坦荡从容。

君子坦荡荡,小人长戚戚

君子行事光明磊落,小人则患得患失。

【古语出处】

出自《论语》:"子曰:'君子坦荡荡,小人长戚戚。'"

【品谈老话】

做人要时刻以君子的标准来要求自己,常怀坦荡之心,遇事从容不迫,做事有底线。

君子务本,本立而道生

君子都会专心做根本的事务,因为根本建立了,做人的原则也就有了。

【古语出处】

出自《论语》:"有子曰:'其为人也孝弟,而好犯上者,鲜矣;不好犯上,而好作乱者,未之有也。君子务本,本立而道生。孝弟也者,其为仁之本与?'"

【品谈老话】

无论做什么事情首先要立本,只有先将根本性的指导思想和原则确定下来,才能建立起相应的执行体系。

文质彬彬,然后君子

只有质朴和文采兼得,才可以成为君子。

【古语出处】

出自《论语》:"子曰:'质胜文则野,文胜质则史。文质彬彬,然后君子。'"

【品谈老话】

君子在内要有深厚的道德修养,在外要学识渊博。

[清] 恽寿平 《九兰图》

[宋] 赵伯驹 《禹王开山图卷》

此图描绘了大禹集众人之力治理洪水的故事。他改堵为疏,采用凿岭开山、决江济川等方式疏导洪水,历时13年终于完成治水大业。图卷青绿描金,精细秾丽。

精诚所至，金石为开

> 只要足够心诚，便连金石都为之开裂。

【古语出处】

出自明代凌濛初的《初刻拍案惊奇》："精诚所至，金石为开。贞心不寐，死后重谐。"

【品谈老话】

只要专心去做一件事，便一定能够将这件事做好。

君子求诸己,小人求诸人

> 君子总是会严格要求自己,而小人只会严格要求别人。

【古语出处】

出自《论语》:"子曰:'君子求诸己,小人求诸人。'"

【品谈老话】

君子遇到问题往往先从自己身上找原因,而小人遇到问题却总是想方设法地推卸责任。这句话告诉我们,人应该多关注自己,不要总是盯着别人。

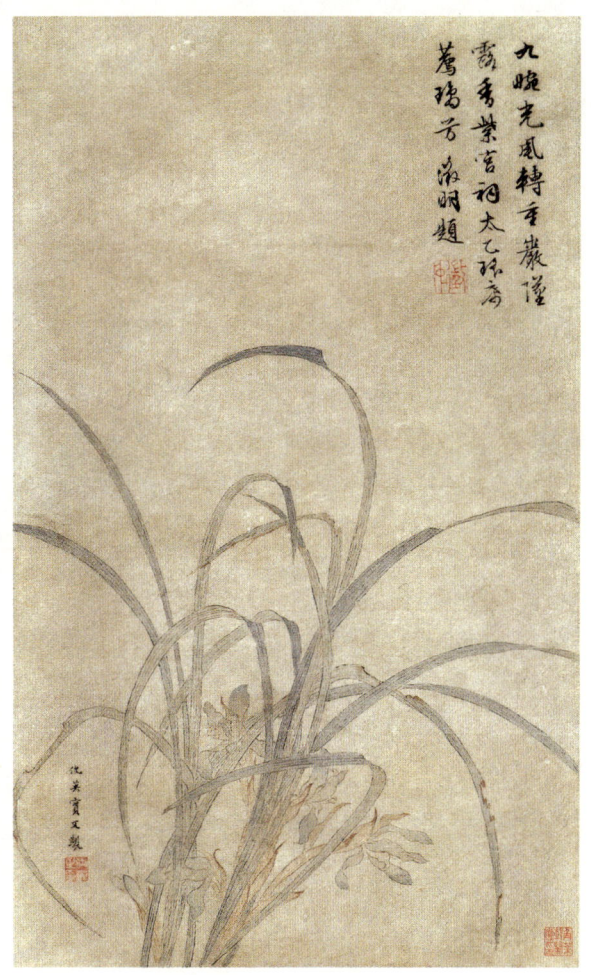

[明] 仇英 《双钩兰花图》

此图以双钩法绘兰花一丛,设色清雅,笔锋妩媚多姿,凸显兰花高洁、正己的君子之姿,是难得一见的仇英花鸟画作品。图中右上方有文徵明的行书题字,很具观赏性。

> 欲无度者，其心无度。心无度者，则其所为不可知矣

一个人的欲望没有限度，他的心也是没有限度的；心没有了限度，他的所作所为就难以预料了。

【古语出处】

出自战国时期吕不韦及其门客编撰的《吕氏春秋》："事随心，心随欲。欲无度者，其心无度。心无度者，则其所为不可知矣。"

【品谈老话】

一件事情的发展总是会被人的心欲所控制。欲求太多时，人心难测，事情的发展也会失去控制。

[宋] 马远 《松寿图》

图中描绘的是山崖一角，苍松斜伸，一文人闲坐于石台之上，仰目远眺，状甚悠闲，颇有躲开人间喧嚣、无所欲求之态，一童子侍立其旁。溪边有几丛疏竹，远山连绵。山石、松树用笔皆奇崛古拙。

道之以德,齐之以礼

用道德来引导百姓,用礼制来感化百姓。

【古语出处】

出自《论语》:"子曰:'道之以政,齐之以刑,民免而无耻;道之以德,齐之以礼,有耻且格。'"

【品谈老话】

用道德和礼制去感化百姓,让他们感同身受,进而从心底产生对统治者的爱戴和尊敬,要比那些用政令和刑罚来控制百姓,让他们因为害怕惩罚而被迫俯首来得更长久。

汉安帝朝，庞参为汉阳太守。郡人隐士任棠有奇节。参躬诣候之。棠见参来，乃抱小儿当户而立，以水一盂，大本薤献之，更无一言。参即悟其意，曰："水者欲吾清也，薤者欲我击强宗也，抱儿当户者，欲我开门恤孤也。"以棠托意于物，而参遽能得于言语之外。如此其能成善治。以循良称，岂偶然哉

[清] 冷枚 《养正图册·第06开》

此图为汉太守庞参与隐士任棠的故事。文字部分为：汉安帝朝，庞参为汉阳太守。郡人隐士任棠，有奇节。参躬往候之。棠见参来，乃抱小儿当户而立，以水一盂，大本薤献之，更无一言。参即悟其意，曰："水者欲吾清也，薤者欲我击强宗也，抱儿当户者，欲我开门恤孤也。"以棠托意于物，而参遽能得于言语之外。如此其能成善治。以循良称，岂偶然哉？

[宋] 佚名 《松谷问道图》

此图描绘的是一位老僧独坐于古松之下,身前一位行人躬身拱手,状似问道。近处溪水淙淙,草木葱茏,远处云山烟岚氤氲,意境悠远。

君子忧道不忧贫

君子只在乎大道,而不在乎自己是否贫穷。

【古语出处】

出自《论语》:"君子谋道不谋食。耕也,馁在其中矣;学也,禄在其中矣。君子忧道不忧贫。"

【品谈老话】

君子在乎的是大道,而不是个人生计,只有这样的人才能为社会做出更大的贡献。

[明] 佚名 《帝鉴图说·任贤图治》

此图描绘的是尧在位时,克己自持,任用贤臣,共治天下的景象。当时天下贤才慕尧之德行,都聚于朝廷之上,百官以尧为表率,各司其职,各尽其责。尧垂拱无为,而天下自治。

其身不正,虽令不从

若自身品行不端正,即使下命令,也不会有人听从。

【古语出处】

出自《论语》:"其身正,不令而行;其身不正,虽令不从。"

【品谈老话】

在命令别人以前要先约束好自己的行为,做好表率,这样都不必下命令,别人自然会跟着行动起来。

不能正己身,如何正他人

> 如果不能端正自己的品行,又怎么能管理别人呢?

【古语出处】

出自《论语》:"子曰:'苟正其身矣,于从政乎何有?不能正其身,如正人何?'"

【品谈老话】

这句话是在告诫人们,批评教育别人的最好办法是以身作则。

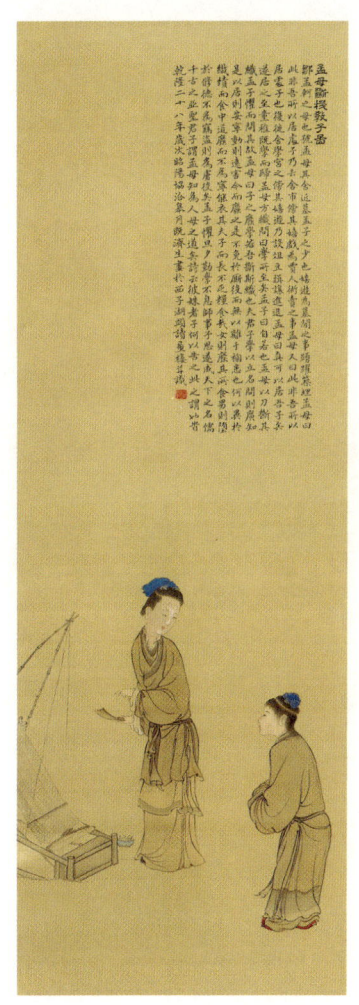

[清] 康涛 《孟母教子图》

图中孟母持刀侧立于织布机旁,正教育孟子,其朴素的衣着、稳重大方的举止,展现了这位古代贤母的风范。孟母为了教育孟子,常以身作则,克勤克俭,对自己的言行时刻注意,所以在中国历史上受到普遍尊崇。

得十良马,不如得一伯乐

得到十匹良马,都不如得到一个善于相马的人。

【古语出处】

出自战国时期吕不韦及其门客编撰的《吕氏春秋》:"得十良马,不若得一伯乐;得十良剑,不若得一欧冶;得地千里,不若得一圣人。"

【品谈老话】

有了伯乐,千里马才会源源不断地被发现。这句古话表明了人才的重要性。

[清] 郎世宁 《八骏图》

在风光秀丽的郊外旷野中,八匹骏马或卧、或立、或吃草、或嬉戏,神态各异,自在悠闲,放牧者在一旁观望。这幅画以周穆王八骏为题材,是郎世宁最著名的作品之一。

[明] 佚名 《帝鉴图说·赏强项令》

此图说的是东汉光武帝褒赏董宣的故事。光武帝的姐姐湖阳公主的奴仆白日杀人,躲藏在公主府中,官吏无法抓捕。于是董宣便等公主出行时,拦住其车马,当面斥责公主的过错,就地捕杀其奴仆。光武帝鞭责董宣,强迫其向公主叩头谢罪。董宣两手撑地,颈项强直,不肯俯就。光武帝封董宣为强项令,并加以赏赐。

执法如山,守身如玉

执行法令,就要像大山那样毫不动摇;保持节操,就要像爱护美玉那样小心翼翼。

【古语出处】

出自清代金缨的《格言联璧》:"执法如山,守身如玉,爱民如子,去蠹如仇。"

【品谈老话】

无论做什么事情,都要有一个正确的立场,并且要坚持自己的立场不动摇。

〔唐〕 周昉 《老子玩琴图》

图中老子身着长袍，神情专注地端坐抚琴，旁边的童子正专心烹茶。画面生动，用笔劲拔，饶有趣味。

大直若屈，大巧若拙，大辩若讷

真正正直的人看起来很容易屈服，真正聪明的人看上去很笨拙，真正会说话的人看上去不善言辞。

【古语出处】

出自春秋时期老子的《道德经》："大成若缺，其用不弊。大盈若冲，其用不穷。大直若屈，大巧若拙，大辩若讷。躁胜寒，静胜热。清静为天下正。"

【品谈老话】

任何事物都具有两面性，只通过外在表现去判断他人，是很容易出差错的。

苟利国家生死以,岂因祸福避趋之

> 如果对国家有利,我可以不顾生死,哪能因为有福可享就上前,有灾祸就避开呢?

【古语出处】

出自清代林则徐的《赴戍登程口占示家人二首》:"力微任重久神疲,再竭衰庸定不支。苟利国家生死以,岂因祸福避趋之。"

【品谈老话】

这句话阐述了国家利益与个人利益的关系:当国家利益与个人利益发生冲突时,要优先考虑国家利益。

[清] 关乔昌 《林则徐像》

　　林则徐,字元抚,福建侯官县人,清代政治家、文学家、思想家,其一生政绩卓著。他置生死于不顾,受命于虎门销烟,足见其勇毅报国之心。

[清] 恽寿平 《鱼藻图》

此图以无骨技法画紫藤随风摇曳,有几片花瓣飘落池中,池内藻荇交横,鱼儿正玩耍嬉戏。

如鱼饮水,冷暖自知

自己经历的事情,只有自己才知道甘苦。

【古语出处】

出自宋代岳珂的《桯史》:"至于有法无法,有相无相,如鱼饮水,冷暖自知。"

【品谈老话】

我们常说"未经他人苦,莫劝他人善",世上很少有真正的感同身受,自己的苦只有自己知道。

竹高空心,人高虚心

竹子长得越高,竹心就越空;人越有本事,往往就越谦虚。

【古语出处】

出自宋代徐庭筠的《咏竹》:"未出土时先有节,便凌云去也无心。"

【品谈老话】

越是有本事的人,在人前越是谦虚,因为他们知道自己有本事,所以即便把姿态放低一些也无所谓。那些没本事的人则相反。

[元] 李衎 《沐雨竹图》

图中岩石上的竹子正随风摆动,摇曳生姿。其中两竿成竹挺立,两竿幼竹左右横斜,竹叶苍翠繁茂。此图笔法劲健工细,用色淡雅,竹子错落有致,构图得当。

静以修身，俭以养德

君子要内心安静，来修养自己的身心；要俭朴节约，来培养自己的品德。

【古语出处】

出自三国时期诸葛亮的《诫子书》："夫君子之行，静以修身，俭以养德，非淡泊无以明志，非宁静无以致远。"

【品谈老话】

这句话反映的不仅是一种生活方式，更是一种人生态度。它提倡淡泊名利、节俭苦干、修养德行，以此来提高我们的人生品质。

[清] 王原祁 《仿王蒙夏日山居图》

　　图中夏日炎炎，草木丰茂，山溪潺潺，无尽的山光水色点缀出一片闲适的山居景象，高士隐逸于此，凸显其淡泊名利的人生态度。此图用笔细致，用色明亮。

宁可正而得不足,不可邪中求有余

宁可做一个正直守拙的人,也不能在歪门邪道中获取财富。

【古语出处】

出自明代《增广贤文》:"宁可正而不足,不可邪而有余。"

【品谈老话】

我们做人一定要保持正直,即使身陷困境也要坚守自己的道德底线,不应见利忘义,迷失自我。

[清] 佚名 《和珅画像》

和珅,姓钮祜禄氏,本名善保,清代乾隆时期的权臣。他为官期间,利用职务之便,聚敛钱财,结党营私,铲除异己,与民争利。嘉庆四年(1799年),和珅被赐自尽,终年49岁。

[清] 张伯龙 《纪恩图》

　　此图描绘的是清初大将杨捷之孙杨铸接受康熙帝的赏赐,在热河避暑山庄御苑中乘舟观荷的情景。远处群山连绵,近处荷花正盛,岸边山石嶙峋,草木繁茂。杨铸坐在御船中,神态平和。

施惠勿念,受恩莫忘

对别人施了恩惠,不必念念不忘;受了别人的恩惠,要时常记在心上。

【古语出处】

出自清代朱柏庐的《朱子家训》:"施惠勿念,受恩莫忘。凡事当留余地,得意不宜再往。"

【品谈老话】

施恩者不图回报,但受恩者要常怀感激之情。

[明] 佚名 《孔子圣迹图·在陈绝粮》

《孔子圣迹图》是记录孔子一生行迹的绘画作品，共有 36 幅。此图描绘的是孔子及其弟子被围困在旷野中，粮食吃光了，孔子仍诵书、抚琴，泰然处之，坚守自己的理想和正道。

己所不欲,勿施于人

自己不喜欢的事情,也不要强加给别人。

【古语出处】

出自《论语》:"子曰:'其恕乎!己所不欲,勿施于人。'"

【品谈老话】

如果自己都做不到,就没有必要去要求别人。这句话告诉人们要学会换位思考。

知者乐水,仁者乐山

> 有智慧的人喜欢水,有德行的人喜欢山。

【古语出处】

出自《论语》:"知者乐水,仁者乐山。知者动,仁者静。知者乐,仁者寿。"

【品谈老话】

孔子之所以会这样说,是因为水和智慧一样,都是在不断流动的,山和仁德一样,都是平静祥和的。因此,有智慧的人会生活得很愉快,有仁德的人则会长寿。

[明] 仇英 《郊外游春图》

山林间,河水流淌,桃花盛开,一派盎然春意。一位富家公子骑着骏马载着一位童子行经桃林,他们回首看向正在过桥的童子,似在催促童子跟上,童子抱着春游用具向他们跑来。全图用笔精细,人物面部表情丰富,马匹活灵活现,人物与动物的"动"和山间的"静"结合,使画面更加生动,富有感染力。

天无私覆也,地无私载也

像天那样无私地覆盖万物,像地那样无私地承载万物。

【古语出处】

出自战国时期吕不韦及其门客编撰的《吕氏春秋》:"天无私覆也,地无私载也,日月无私烛也,四时无私行也。行其德而万物得遂长焉。"

【品谈老话】

这句话告诉我们做人应该去除私心,像天地那般无私奉献,如此一来,才能成就自己。

[近现代]　金城　《仿陈汝言山水轴》

群山连绵,松涛阵阵,高处清泉飞泻而下,近处坡岸树木林立,茅屋、楼阁错落其中。全幅图经墨色的层层渲染,显得质感雄厚。远近景切换间,极富纵深感,展现出天地广阔、万物华滋的意境。

[清] 青玉"讨罪安民之宝"及钤本

此宝为青玉质,作"以张征伐"之用,即皇帝讨伐叛乱时,钤此宝。

善不可失,恶不可长

善念不可以轻易消失,恶念不能肆意增长。

【古语出处】

出自春秋时期左丘明的《左传》:"善不可失,恶不可长。"

【品谈老话】

俗话说:"善有善报,恶有恶报。"这句话也蕴含着这样的道理,告诫人们要永远保持善心,不行恶事。

君子一言,驷马难追

> 君子一句话说出了口,就算是四匹马拉的车也很难追上。

【古语出处】

出自《论语》:"夫子之说君子也,驷不及舌。"

【品谈老话】

这句话同时也在告诫人们,说出去的话就像泼出去的水,开了口就难以收回,所以开口要谨慎。

[清] 冷枚 《养正图册·第02开》

此图为周成王与少弟叔虞的故事。文字部分为：周成王与少弟叔虞宫苑中闲游，将桐叶削为诸侯所执圭与叔虞，戏曰："以此圭封汝为侯。"有臣史佚在旁，即请命官，择日行册封礼。王曰："吾与之戏言，岂真欲封耶！"史佚对曰："天子无戏言！"史官即书册上，行于政事，礼成之，乐歌之，遂封叔虞于唐尧故都，号为唐侯。

君子以行言，小人以舌言

> 君子用行动来表达，而小人只是说说。

【古语出处】

出自先秦《孔子家语》："君子以行言，小人以舌言。"

【品谈老话】

坚持知行合一的人才称得上君子。古往今来，小人最爱逞口舌之快，搬弄是非。

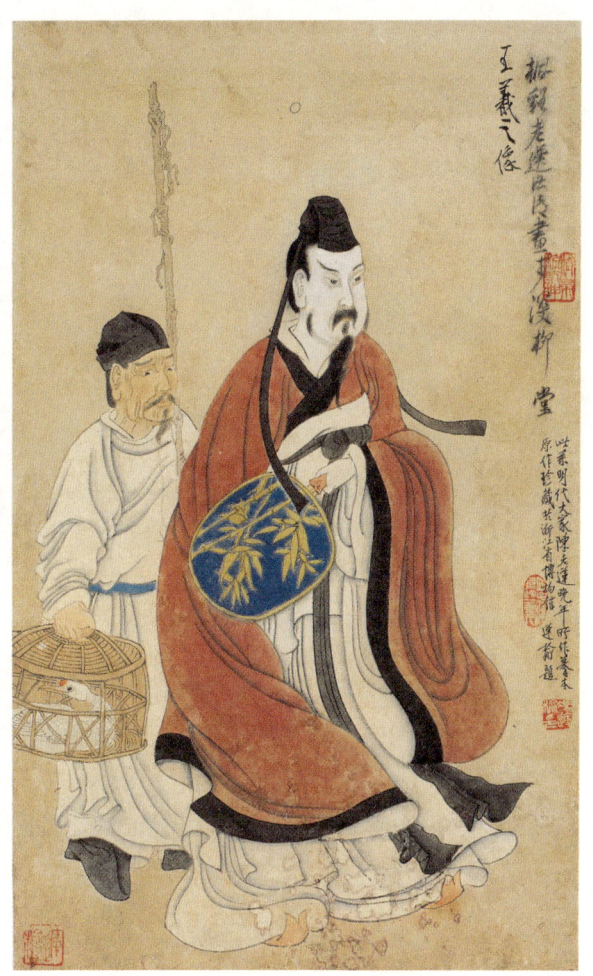

[明] 陈洪绶 《王羲之像》

图中王羲之手持绘竹轻扇,身后跟一随从,随从手中提着鹅笼,笼子里的白鹅画得很生动。王羲之是东晋著名的书法家,有"书圣"之称。

[清] 王原祁 《仿黄公望山水图》

图中远处山峰耸立,草木苍郁,山坡上杂树成行,层林叠翠,其中隐有人家,云雾起于山水间。近处山石秀润,有参天古树,枝长叶茂,古树下有几间房屋。山脚环绕一片宽阔的河流,秀丽静谧。

贵人语话迟

越是有涵养的人,说话越不急躁。

【古语出处】

出自《论语》:"树高蝉声细,山高语音低。水深流去远,贵人话语迟。"

【品谈老话】

这句话告诉我们,有涵养、有见解的人每说一句话都要经过深思熟虑,不会不经大脑盲目发言。

[近现代] 吴湖帆 《云表奇峰》

图中远处山峰直入云霄,白云在山谷中弥漫着。近处成排的松杉覆盖着山体,丛翠掩映中有楼阁数座。远景的云雾与近景的溪流氤氲一片。整幅图极尽峰峦之美,令人心情舒畅,杂念顿消。

世上本无事，庸人自扰之

世上本没有什么事，可有人偏偏和自己过不去，疑神疑鬼，自找麻烦。

【古语出处】

出自宋代《新唐书》："尝曰：'天下本无事，庸人扰之为烦耳。第澄其源，何忧不简邪？'故所至民吏怀之。"

【品谈老话】

这世上所有的烦恼都是自找的，杂念过多的人总是有所担心，就会陷入无尽的烦恼之中。凡事不要计较太多，才能活得潇洒。

[清]　禹之鼎　《修竹幽居图》

　　图中水天旷远，岸边设有红色围栏，栏内修竹成林，桃花掩映。竹林中有一座亭轩，主人斜倚在竹椅上，状甚悠闲，身前桌面上放着茶壶、书卷，身后有一小童侍立。此图用笔工细，设色清雅妍丽，意境悠远。

无事是贵人

> 只要心中无事就天下太平。

【古语出处】

出自唐代惠然禅师的《临济录》："无事是贵人，但莫造作，只是平常。"

【品谈老话】

无事是贵人。人生若时时刻刻被"事"纠缠，那就等于把自身委于"事"上了，这样做其实是在消耗自己。

[明] 仇英 《蕉荫结夏图》

图中蕉林成荫，奇石崛立，两名高士于石下席地对坐，一人拨弄阮咸，另一人则横琴倾听，两人沉醉于乐曲中，无俗事烦扰，心态平和悠远。一侧童子屈身捧茗，似也陶醉于乐曲中。此图用笔精细，设色淡雅。

若无闲事挂心头,便是人间好时节

如果没有闲事扰乱心绪,那么每天都是人间最好的日子。

【古语出处】

出自宋代无门慧开禅师的《颂平常心是道》:"春有百花秋有月,夏有凉风冬有雪。若无闲事挂心头,便是人间好时节。"

【品谈老话】

这句话告诉我们要保持平常心,看淡世间的纷纷扰扰。

[清] 沈宗敬 《双松图轴》

　　图中远处高山巍峨，飞流直下，近处高松并立，挺拔苍翠。此图笔力古健，思致高远。

愿君学长松,慎勿作桃李

希望你向挺拔的松树学习,不要成为平庸、软弱的桃李。

【古语出处】

出自唐代李白的《赠韦侍御黄裳二首》:"愿君学长松,慎勿作桃李。受屈不改心,然后知君子。"

【品谈老话】

我们要学习松树长青不败的精神,不能像桃李那样受环境摆布。

君子和而不同,小人同而不和

君子会协调差异,而不强求一致;小人则强求一致,而不协调差异。

【古语出处】

出自《论语》:"君子和而不同,小人同而不和。"

【品谈老话】

"和而不同"是孔子思想体系中的重要组成部分,指人应该努力保持自己的独立人格,并且做到尊重他人,才能维系和谐的人际关系。

[宋] 赵伯驹 《停琴摘阮图》

图中青翠松石间山花开得正盛,云气氤氲,石下一人袒衣拨弄阮咸,另一人手握羽扇,横琴于膝,静静倾听。二人身侧放着瓜果盘,有两名童子随侍。此图人物、配景相得益彰,色彩明丽。

礼之用,和为贵

礼所发挥的作用,在于让人与人之间的关系变得和谐。

【古语出处】

出自《论语》:"礼之用,和为贵。"

【品谈老话】

这句话解释了"礼"的作用,就是使人与人之间的关系变得更加和谐。这里的礼要适度,应不卑不亢。

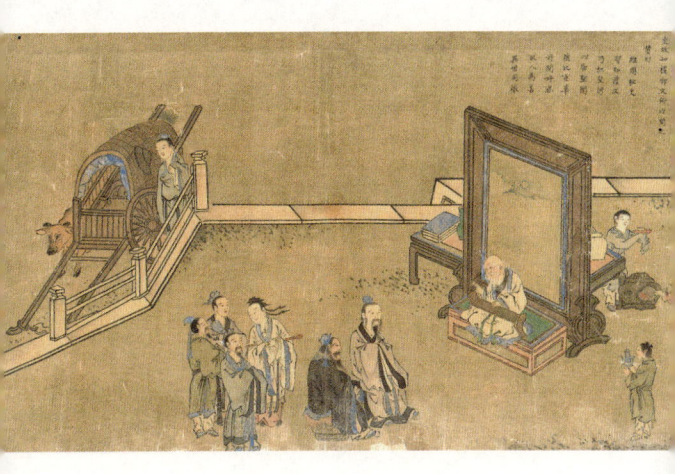

[明] 佚名 《孔子圣迹图·问礼老聃》

传说春秋时,孔子曾向老子求学问礼。图中老子于屏风下横琴论道,孔子则端坐在老子面前,与众弟子一起聆听。

投我以桃,报之以李

> 他把桃子送给我,我以李子回赠他。

【古语出处】

出自《诗经》:"投我以桃,报之以李。彼童而角,实虹小子。"

【品谈老话】

这种互赠礼物的做法可以加深彼此的情感,也是一种知恩图报的表现。

[清] 套色玻璃桃形洗

笔洗是用来盛水洗笔的器皿,因其造型丰富多样而广受青睐。该笔洗产于清代乾隆时期,呈桃形,开口较小,由不透明的白色玻璃制成,配以绿色叶子和小小的蓝色蝙蝠,形象生动,活泼可爱。

[宋] 刘松年 《山庄读书图页》

在巍峨的群山中,一座山庄建于山势平缓之处,远处烟云缭绕,林木成荫,近处芭蕉苍翠,修竹丛生,奇石兀立,仙禽觅食,灵兽昂首,一派气象万千的苍郁景致。山庄内一名红衣文士正倚案读书,神情专注。

不可见异思迁

不可以看见新的事物就改变原来的想法。

【古语出处】

出自清代曾国藩的《曾国藩家书》:"凡人做一事,便须全副精神注在此一事,首尾不懈。不可见异思迁,做这样想那样,坐这山望那山。人而无恒,终身一无所成。"

【品谈老话】

做事情一定要一心一意,要将所有的精力集中到一件事情上。一旦分心,就可能一无所成。

叁 为人处世篇

常思己过,莫论人非

要时常反省自己的过失,不要谈论他人的对错。

【古语出处】

出自清代金缨的《格言联璧》:"静坐常思己过,闲谈莫论人非。"

【品谈老话】

在安静的时候想想自己的过往,是否有需要改进的地方;在闲谈的时候不要非议他人,以免招致他人的反感。做人就应该有这种对内自省、对外豁达的智慧。

[明] 仇英 《松荫独坐成扇》

图中一位隐士闲适地坐在溪边,于松荫里眺望远方的湖山美景,几株虬曲多姿的松树和灵秀的山石相映。

勿贪意外之财,勿饮过量之酒

不要贪求意外而来的钱财,不要饮过量的酒。

【古语出处】

出自清代朱柏庐的《朱子治家格言》:"勿贪意外之财,勿饮过量之酒。"

【品谈老话】

财富固然是好东西,但要取之有道;喝酒虽然畅快,但是过量饮用会伤身。这句话告诉我们,无论做什么事情都不能贪婪。

[元] 任仁发 《横琴高士图轴》

  图中青山碧崖之上，盘曲着老松古柏，枝叶横探而出，树下有一位红袍文士，独坐溪畔，横琴而奏。崖壁青绿，衣袍嫣红，色彩交相辉映，雅致妍丽。此图展现出高士寄情山水，不慕富贵的高洁情操。

[唐] 阎立本（传） 《锁谏图》

此图为历史画，绘的是陈元达冒死进谏刘聪之事。图中端坐者为刘聪，他面带怒色似已下旨要处死陈元达，两侧有武士侍立。以铁链绕树而锁并双手抱树捧笏者为陈元达，正向刘聪直言进谏，其身后有两名武士拽之不动。刘皇后闻讯赶来。画面气氛紧张，人物神情动作刻画精细，形象生动地展示出人物的性格。

言极则怒,怒则说者危

臣子言无不尽,君主就会发怒,君主如果发怒,那劝谏的人就危险了。

【古语出处】

出自战国时期吕不韦及其门客编撰的《吕氏春秋》:"言极则怒,怒则说者危。非贤者孰肯犯危?"

【品谈老话】

言语过激就会让他人愤怒,往往会给说话者招致祸患,所以为人要谨言慎行。

[清] 金农 《红兰花图》

图中有红兰一丛，风姿潇洒，仪态万千。兰花品德高洁，枝叶雅致，历代文人常以兰花自喻自省。

君子成人之美,不成人之恶

君子成全别人的好事,不促成别人的坏事。

【古语出处】

出自《论语》:"君子成人之美,不成人之恶。小人反是。"

【品谈老话】

这句话体现了与人为善的价值观。君子处世有原则,坚持与人为善,而与人为善便是成己之善。

病从口入，祸从口出

疾病通常是因为饮食不注意而引起的，祸患通常是因为说话不注意而造成的。

【古语出处】

出自西晋傅玄的《口铭》："福生有兆，祸来有端。情莫多妄，口莫多言。蚁孔溃河，淄穴倾山。病从口入，祸从口出。存亡之机，开阖之术。口与心谋，安危之源。枢机之发，荣辱存焉。"

【品谈老话】

这句话告诉我们要谨言慎行。

[明] 佚名 《帝鉴图说·戒酒防微》

此图描绘的是大禹疏远仪狄,戒酒防微的自律故事。

[明] 陈洪绶 《高士炼丹图》

图中松树高大挺拔,画面上部松枝繁茂,枝叶刻画细致,画面中心处倚卧着一位文士,神情静默,正在听面前的侍从弹曲。整幅画构图繁简相宜,景物与人物浑然一体。

危行言逊,不落祸患

做人一定要谨言慎行,才能避免灾祸。

【古语出处】

出自《论语》:"邦有道,危言危行;邦无道,危行言孙。"

【品谈老话】

做人谨慎谦逊才能远离祸患,言行不当,很容易被人攥住"小辫子"。有时候即使自己说的话、做的事情没什么恶意,也免不了会被别人放大做文章,到时就算浑身是嘴也说不清了。

［宋］ 佚名 《秋庭婴戏图》

图中三名儿童正在庭院中玩耍，其中两名儿童在争夺一杆红缨枪，地上有一把断裂的长刀，另一名儿童持枪回首而望。画面中的儿童天真活泼。全图设色鲜艳，构图别致。

一争两丑,一让两有

如果双方争夺好处,就都会出丑;如果互相礼让,就都会受益。

【古语出处】

出自明代吕坤父子的《小儿语》:"一争两丑,一让两有。虞芮之闲田,亡父之白金。"

【品谈老话】

人与人之间不免有产生矛盾的时候,不要为了争而争,撕破脸皮的斗争就算是自己占了上风,在别人看来也是笑话。有时候适当谦让一下就能缓和关系,何乐而不为?

[明] 蓝瑛 《云壑高逸图》

图中高山巍峨，山泉、溪流绕贯而下，两侧丘岗起伏，花草繁茂，松柏苍翠。近处岸边，在树林幽深处，坐落着一座茅亭，一位白衫老者坐在茅亭中静静候客。茅亭外的木桥上，一位红衣老者正向茅亭走来。

忠告善道,不可则止

朋友若是不接受你的忠言劝告,就不必再自讨没趣了。

【古语出处】

出自《论语》:"忠告而善道之,不可则止,毋自辱焉。"

【品谈老话】

这句话告诉我们在人际交往中,要把握好分寸。

梅须逊雪三分白,雪却输梅一段香

梅花须逊让雪花三分洁白,雪花却输给梅花一段清香。

【古语出处】

出自宋代卢梅坡的《雪梅·其一》:"梅雪争春未肯降,骚人阁笔费评章。梅须逊雪三分白,雪却输梅一段香。"

【品谈老话】

人各有所长,也各有所短。做人要有自知之明,借鉴别人的长处,反思自己的短处。

[清] 冷枚 《雪艳图》

图中三位女子在雪中赏花,走在最前面的是衣饰华贵的主人,一位侍女在其身后为其撑伞遮雪,还有一位侍女正向她们走来。旁侧一株古梅,枝头白梅盛放,满天雪花更衬托出寒梅冷香、远山素洁。全图用色典雅,笔墨洁净,是冷枚仕女画中的精品。

去者不阻,来者不拒

不阻止那些要离开的人,不拒绝那些要来的人。

【古语出处】

出自唐代玄奘法师的《大毗婆沙论》:"若论有福,见去者不阻,见来者不拒。"

【品谈老话】

去者不阻,就是对于失去的不要介怀;来者不拒,就是对于上天恩赐的要懂得感恩。

[明] 沈周 《溪山草阁图册·柳塘独钓》

图中烟柳成荫,清荷初绽,莲叶田田,一位雅士于水亭中安然独钓,亭外驻留一叶篷舟。整幅图动静结合,设色简淡,饶有风味。

[清] 金廷标 《濠梁图》

此图取材于庄子和惠子的"濠梁之辩"。图中树木繁盛,笔墨苍秀,着色较浅,略施淡淡的墨青,表现出庄子与物相亲的乐趣,以及庄子和惠子的友谊。

子非鱼,安知鱼之乐

你又不是鱼,怎么会知道鱼的快乐?

【古语出处】

出自《庄子》:"庄子与惠子游于濠梁之上。庄子曰:'鯈鱼出游从容,是鱼之乐也。'惠子曰:'子非鱼,安知鱼之乐?'庄子曰:'子非我,安知我不知鱼之乐?'"

【品谈老话】

对于生活在我们身边的人,我们能否体会到他们的喜怒哀乐呢?我们能切身体会到的只有自身的感受,毕竟我们没办法替代别人去过他们的生活。

[清] 任伯年 《雪中送炭图》

图中以写意的笔法，画一位老者拄杖立于篱笆旁，头戴布帽，身穿单薄的衣服，身体瑟缩着，脚边还有一条瘦弱的小黑狗。老者对面走来一位背着盛满炭条的篮子、正给人送炭取暖的好心人。此图深刻且形象地反映出送炭者善良的美德。

求人须求大丈夫,济人须济急时无

求人应该去求那些胸怀坦荡、乐于助人的人,帮人就要去帮那些迫切需要救济的人。

【古语出处】

出自明代《增广贤文》:"求人须求大丈夫,济人须济急时无。渴时一滴如甘露,醉后添杯不如无。"

【品谈老话】

无论是求助还是帮人,都要学会识人。只有找对人,事情办起来才会顺利。

世事洞明皆学问，人情练达即文章

人生在世，如果能把世事看得很通透，就是一门大学问；如果能做到通晓人情世故，就和写出好文章一样有本事。

【古语出处】

出自清代曹雪芹、高鹗的《红楼梦》："宝玉在东府神游幻境，因午困而须小憩，遂到尤氏上房。一进门，见正面高悬一联'世事洞明皆学问，人情练达即文章'。"

【品谈老话】

若是能把世事看得很透彻，在人际关系中如鱼得水，也是一门大学问。

[清]　孙温　《全本红楼梦图·秦可卿死封龙禁尉》

　　《全本红楼梦图》是由清代孙温创作的一套大幅绢本工笔彩绘画册,以绘画的形式表现出《红楼梦》的主要情节。全册笔法精细,设色明丽,篇幅宏大,线条流畅飘逸,情节连贯生动。秦可卿是《红楼梦》中金陵十二钗之一,其人性格风流,行事温柔平和,洞明世事。

[元] 赵雍 《骏马图》

  图中五匹骏马在树林水畔休憩，它们或依偎，或磨肩，或觅食，牧马人倚松假寐，悠闲逍遥。画面空阔幽远，设色以青绿为重，树叶勾勒清晰，有古拙之趣。

人善被人欺,马善被人骑

人如果忠厚老实,就容易被欺负;马如果温顺老实,人就爱骑它。

【古语出处】

出自明代兰陵笑笑生的《金瓶梅》:"自古人善得人欺,马善得人骑,便是如此。"

【品谈老话】

做人要善良,但是善良也要讲究度。善良不是软弱,更不是懦弱,当我们的善良导致别人对我们进行欺压时,我们就不能再退让下去了。

百善孝为先,百行德为首

> 孝顺父母在美德中是首要的,做任何事情都要将道德放在第一位。

【古语出处】

出自清代王永彬的《围炉夜话》:"百善孝为先,万恶淫为源。常存仁孝心,则天下凡不可为者,皆不忍为。"

【品谈老话】

倘若一个人连父母都不孝敬,又怎么会对他人存怜悯宽容之心?如果一个人连基本的道德都没有,又怎么能做出好的行为?

[清]　焦秉贞　《历朝贤后故事图·孝事周姜》

此图的主要人物是西周文王之母太任，图中描绘的是太任孝敬周姜（周文王祖母）的故事。图中所绘仕女形象柔弱，设色明艳，笔法工整细腻，气息华贵。

数载名不成,父母年已老

好几年过去了,依然没有功成名就,而父母却已渐渐老去。

【古语出处】

出自明代何吾驺的《别父母北上》:"父母生儿迟,教儿苦不早。儿既下帷久,晨昏亦草草。数载名不成,父母年已老。一朝歌鹿鸣,少申罔极报。……"

【品谈老话】

人生不过短短几十载,不要沉湎于对功名利禄的追求中,要在有限的时间里多孝顺父母。

[现当代] 陈少梅 《二十四孝图·弃官寻母》

陈少梅,名云彰,字少梅,画家,其所绘的《二十四孝图》笔墨工雅,艺术水平高超。此图描绘的是宋代孝子朱寿昌辞去官职,跋涉千里,寻得生母的故事。

父母威严而有慈,子女畏慎而生孝

父母对子女既威严又慈爱,子女就会敬畏谨慎而有孝心了。

【古语出处】

出自南北朝颜之推的《颜氏家训》:"比及数岁,可省笞罚。父母威严而有慈,则子女畏慎而生孝矣。"

【品谈老话】

家长对待孩子不应该过于溺爱,也不应该过于严格,要做到慈爱且不失威严,和孩子相处起来才会融洽。

[宋] 佚名 《蕉荫击球图》

在宋代的贵族庭院里,湖石兀立,芭蕉数丛,一名少妇与一位侍女在桌旁观看两名童子玩槌球游戏。一童持拍坐地击球,一童站立击球。全图构思巧妙,情节生动,在精细的笔触中,足见亲子欢愉,相处融洽。

[清]　佚名　《历代帝王贵妃大臣朝服像·胤䄉夫妇》

爱新觉罗·胤䄉，清朝宗室，康熙帝第十四子，雍正帝同母弟，乾隆帝皇叔。嫡福晋完颜氏，侍郎罗察之女。

十世修来同船渡,百年修得共枕眠

十世的机缘才修得今生共乘一条船,百年的机缘才修得今生相守。

【古语出处】

出自清代陈遇乾的《义妖传》:"摇船摇过断桥边,月老祠堂在眼前。十世修来同船渡,百世修来共枕眠。"

【品谈老话】

无论是同行人、朋友,还是夫妻,都要珍惜彼此间的缘分。

妻贤夫祸少,子孝父心宽

> 妻子贤惠,丈夫的灾祸就少;子女孝顺,父母的心情就宽畅。

【古语出处】

出自明代《增广贤文》:"妻贤夫祸少,子孝父心宽。"

【品谈老话】

每个人都要承担家庭和事业的双重压力,如果家庭美满、事业顺遂,那么人生之路也会越走越顺利。爱情、亲情对于我们无比重要,也影响着我们生活的方方面面。

[清] 佚名 《胤禛美人图·烛下缝衣》

图中桌椅精巧，红烛燃烧，女子端坐在桌前，兰指拈针却若有所思，低眉落目而迟迟未动。近处窗外有一瓮荷花，花开正盛。远处窗外有一只红色蝙蝠翩跹于翠竹之间，寓意"洪福将至"。

[清] 孙温 《全本红楼梦图·王熙凤协理宁国府》

王熙凤是《红楼梦》中金陵十二钗之一,她在贾府手握实权,为人心狠手辣,八面玲珑,做事决绝,然而其性格弱点也导致了她的悲惨结局。"机关算尽太聪明,反算了卿卿性命"正是她一生的真实写照。

机关算尽太聪明,反算了卿卿性命

费尽心机,结果却把自己的性命算计了进去。

【古语出处】

出自清代曹雪芹、高鹗的《红楼梦》:"机关算尽太聪明,反算了卿卿性命。生前心已碎,死后性空灵。家富人宁,终有个家亡人散各奔腾。"

【品谈老话】

有一些小聪明的人善于用阴谋诡计算计他人,玩弄他人于股掌之间。他们自以为这种做法很聪明,却意识不到这只能逞一时之快,结果往往是害人害己。

夫妇和而后家道成

只有夫妻和睦,家庭才会兴旺。

【古语出处】

出自明代程登吉的《幼学琼林》:"阴阳和而后雨泽降,夫妇和而后家道成。"

【品谈老话】

家是我们每个人最坚实的后盾,只有家庭和谐美满,万事才会顺遂。夫妻和睦正是家庭兴旺的必要前提。

[明] 陈洪绶 《来鲁直夫妇像》(局部)

此画分两轴,是陈洪绶受来鲁直之子来咨隆延请所绘。来鲁直是陈洪绶妹夫来咨谡的堂伯。此图属于陈洪绶早期人物画的代表作,兼具艺术价值与历史价值。

[清] 佚名 《玉粹轩通景画》

玉粹轩是宁寿宫花园的第四进院落,乾隆四十年(1775年)室内明间西壁绘制通景画。通景画又称线法画,是一种利用视像错觉使室内空间得到延伸的独特画作。此图描绘的是堂内群子嬉闹、慈母含笑观看的场景,画艺精湛,画面精美。

父母之爱子,则为之计深远

父母对孩子的那种爱,就是连未来都替孩子谋划好了。

【古语出处】

出自汉代刘向整理编订的《战国策》:"父母之爱子,则为之计深远。"

【品谈老话】

真正疼爱子女的父母,应该为子女的未来做长远打算。

贫贱之交不可忘，糟糠之妻不下堂

富贵的时候不要忘记贫穷时交的朋友，也不要抛弃共同患难过的妻子。

【古语出处】

出自南朝梁萧子显的《南齐书》："后俊从驾登蒋山，上数叹曰：'贫贱之交不可忘，糟糠之妻不下堂。'顾谓俊曰：'此况卿也。'"

【品谈老话】

人要懂得知恩图报，富贵时不要忘记那些曾经与自己共患难的人。

[明] 佚名 《帝鉴图说·宾礼故人》

此图描绘的是汉光武帝刘秀即位后礼遇故人的故事。通过厚礼求贤、屈尊求贤、不避尊卑三件事讲述刘秀对昔日同学严光的厚待,展现出刘秀不因富贵而忘本的品质。

相识满天下,知心能几人

> 虽然认识的人很多,但是知心的朋友没有几个。

【古语出处】

出自宋代印肃禅师的《金刚随机无尽颂》:"溪山晓来深,片光万物新。相识满天下,知心能几人。"

【品谈老话】

我们每个人在不同时期都会结识很多人,但是真心相交的没有几个,应该正确地看待相识与深交。

乍交之欢,不若无久处之厌

让他人对自己有初次交往的欢喜,不如相处久了还不会令他人感到厌恶。

【古语出处】

出自明代陈继儒的《小窗幽记》:"使人有乍交之欢,不若使人无久处之厌。"

【品谈老话】

与其给人一见如故的惊喜,不如与人长久交往,互生欢喜。

[明] 杜琼 《友松图》

以财交者,财尽而交绝

因为金钱而结交的关系,钱没了,关系也就断了。

【古语出处】

出自汉代刘向整理编订的《战国策》:"以财交者,财尽而交绝;以色交者,华落而爱渝。"

【品谈老话】

真正的友情并不是靠金钱来维系的,真心诚意才是维系友情的"金锁"。

[宋] 崇宁通宝铜钱

崇宁通宝是宋徽宗崇宁年间始铸,为年号钱,其上钱文为宋徽宗亲书,故又称御书钱。钱体厚重,锈色古旧,是集书法艺术和铸造艺术于一身的珍贵文物。

[清] 罗聘 《篠园饮酒图》

此图描绘的是罗聘与朋友聚会的情景。正值元宵佳节,园中怪石嶙峋,雾气环绕,古木参天,可见时景萧索。众人却在屋内推杯换盏,童子在旁嬉戏玩耍,一派热闹融洽之景。全图着墨简洁,随意间却见新意。

酒逢知己千杯少,话不投机半句多

遇到知己喝千杯酒都觉得少,意见不同的人说半句话都觉得多。

【古语出处】

出自宋代欧阳修的《春日西湖寄谢法曹韵》:"酒逢知己千杯少,话不投机半句多。"

【品谈老话】

与人交往要寻找性情相投的人,这样才会令人感到惬意。

［清］ 黄慎 《观花老人图》

图中一位白发长须的老人盘腿独坐,其正前方立一细口直瓶,瓶中有两枝盛放的玉兰。老人拈须观花,略带愁容,似细思诸事。此图的人物与花朵均写意生动,寥寥数笔就勾勒出衣袍概貌,眉须工细,为黄慎人物画精品。

黄金浮世在,白发故人稀

黄金存世千年,依旧锃亮如新,可是人老了,身边的老朋友就会日渐稀少。

【古语出处】

出自宋代张继先的《炼丹岩留题》:"鹤来松有客,苔去石无衣。黄金浮世在,白发故人稀。"

【品谈老话】

人生短暂,要珍惜眼前人。

镜破不改光,兰死不改香

> 镜子就算破了,其光不改;兰花就算枯萎了,也依然芳香怡人。

【古语出处】

出自唐代孟郊的《赠别崔纯亮》:"镜破不改光,兰死不改香。始知君子心,交久道益彰。"

【品谈老话】

这是孟郊用来写他和崔纯亮友谊的句子,以破碎的镜子和枯萎的兰花比喻友情真挚,永远不会改变。

[明] 仇英 《人物故事图册·高山流水》

此图取自伯牙、子期高山流水的典故。图中山峦层叠，松树繁茂，树下茅亭内一位文士席地而坐，偏房里一位白发老者正在烹茶，神情专注。此图表现出伯牙、子期的深厚情谊。全图设色明亮古朴，用笔严谨细腻，繁而不乱。

[明] 佚名 《摹周文矩重屏会棋图》

图中描绘了四位文雅之士在室内观棋对弈的场景。他们或举棋思考,或催促落子,或静坐观棋,神态各异,童子侍立一旁。众人背后的屏风上再绘制屏风,形成重屏。室内陈设雅致,颇有情趣,画风古拙。

人情似纸张张薄,世事如棋局局新

人与人之间的感情像纸一样薄,世间的事情就好比棋局,每一局都不一样。

【古语出处】

出自明代《增广贤文》:"人情似纸张张薄,世事如棋局局新。"

【品谈老话】

这句话告诉我们没有什么是一成不变的,我们要勇于迎接挑战,保持积极向上的心态,才能在人生的道路上走得更加坚定。

[现当代] 陈少梅 《二十四孝图·行佣供母》

此图取自东汉时齐国人江革的事迹。江革少年丧父,与母亲相依为命,对其极为孝顺。战乱时,江革背着母亲逃难,路遇盗匪。江革哭告,老母年迈,自己死去怕无人奉养。盗匪感其孝心,放其生还。他背着母亲在江苏下邳定居,做工供养母亲,自己穷苦到连鞋子都穿不起,而母亲所需之物一样都不欠缺。汉明帝时江革被推举为孝廉,汉章帝时被推举为贤良方正,任五官中郎将。

入则孝,出则悌

回家要孝顺父母,在外要敬爱兄长。

【古语出处】

出自《论语》:"子曰:'弟子入则孝,出则弟,谨而信,泛爱众,而亲仁。行有余力,则以学文。'"

【品谈老话】

孝顺父母、尊敬兄长是中华民族的传统美德,也是为人处世的基本礼仪。

天时不如地利，地利不如人和

有利于作战的天气、时机，比不上有利于作战的地形；有利于作战的地形，比不上作战时的人心所向。

【古语出处】

出自《孟子》："天时不如地利，地利不如人和。"

【品谈老话】

这句话告诫人们，团结才是成功的最大助力。

众人拾柴火焰高

如果大家都往火里添柴,火一定会烧得很旺。

【古语出处】

出自民间谚语:"众人拾柴火焰高,三家四靠糟了糕。"

【品谈老话】

这句话描述的是团结的力量,只要劲往一处使,一定能事半功倍。

[宋] 赵伯驹 《禹王治水图》

肆 淡泊明志篇

[宋] 苏轼 《致梦得秘校尺牍》

此作又称《渡海帖》,行书。北宋元符三年(1100年),苏轼受诏徙廉州(今广西合浦县),过澄迈(今海南澄迈县)时欲见赵梦得而未遇,遂留此札。苏轼的一生跌宕起伏,但种种经历也让他逐渐形成了进退自如、宠辱不惊的人生态度。

人间有味是清欢

人世间真正有滋味的还是清淡的欢愉。

【古语出处】

出自宋代苏轼的《浣溪沙·细雨斜风作晓寒》:"细雨斜风作晓寒,淡烟疏柳媚晴滩。入淮清洛渐漫漫。雪沫乳花浮午盏,蓼茸蒿笋试春盘。人间有味是清欢。"

【品谈老话】

如果人们能以满足的心态去感受每一天,就能得到快乐。学会活在当下,珍惜来之不易的每一刻,在享受中感受生活的美好。

闲看庭前花开花落，笑看天上云卷云舒

悠闲地欣赏庭院中花草的盛开和凋落，笑着看天上的云彩时而聚集时而散开。

【古语出处】

出自明代陈继儒的《小窗幽记》："宠辱不惊，闲看庭前花开花落。去留无意，漫随天外云卷云舒。"

【品谈老话】

这句话描述了一种恬淡闲适的心境，意在告诉人们要有宠辱不惊之心，在得志之时不骄纵得意，在落魄之时不悲观气馁。

[清] 陈枚 《月曼清游图·庭院观花》

  此图册共 12 开,描绘的是后宫妃嫔们一年四季 12 个月的生活场景。此图描绘的是 4 月,妃嫔们在庭院中寻芳赏花的情景。图中花团锦簇,姹紫嫣红,芬芳满园。人物分为两组,一组在山石旁观花赏景,一组在屋檐下捧花闲谈。图中人物灵动,造型生动准确,用笔工细严谨,用色典雅,显现出深宫中妃嫔们相伴游玩的情致。

丹青不知老将至，富贵于我如浮云

毕生钻研绘画不觉老年将至，荣华富贵就像天上的浮云一般。

【古语出处】

出自唐代杜甫的《丹青引赠曹将军霸》："学书初学卫夫人，但恨无过王右军。丹青不知老将至，富贵于我如浮云。"

【品谈老话】

对富贵的追求少一些，人生就会过得豁达一些，毕竟人生中还有许多比富贵更重要的东西值得我们去追求。

[元] 盛懋 《坐看云起图》

此图取自王维"行到水穷处,坐看云起时"的诗意。图中林木苍秀,山石嶙峋,远山高耸,隐现云雾之中。山岗上一位文人手执如意,席地而坐,远观云雾,一派淡泊、悠闲的潇洒感,表现出隐逸文人雅致的生活情趣。

山寺日高僧未起，算来名利不如闲

深山古寺中的僧人可以睡到日上三竿，如此看来，为了名利奔波一生倒不如享受清闲。

【古语出处】

出自元末明初高明的《琵琶记》："铁甲将军夜渡关，朝臣待漏五更寒。空嗟叹，山寺日高僧未起，算来名利不如闲。"

【品谈老话】

追名逐利不如乐享清闲，人这一生唯有不被世俗欲望所操控，做到淡泊名利，才会得到真正的快乐。

[清] 佚名 《平阳传灯寺图》

此图绘清代康熙年间建造的平阳寺,寺庙规模宏大,殿宇侧室数百间,组成一个庞大的建筑群体。此图以俯瞰的角度,细绘寺庙之庄严,景色之苍秀。众僧人在此山寺中晨钟暮鼓,礼佛参禅,不为名利沾染,自在极乐。

毕竟几人真得鹿，不知终日梦为鱼

这世上有多少人能真正得到权势和富贵呢？不过是终日活在自己的幻想中罢了。

【古语出处】

出自宋代黄庭坚的《杂诗七首·其一》："此身天地一蘧庐，世事消磨绿鬓疏。毕竟几人真得鹿，不知终日梦为鱼。"

【品谈老话】

老话说，"富贵于我如浮云"。富贵本来就是虚幻的，不如多一点儿淡泊，反而会更加快乐。

[清] 石涛 《陶渊明诗意图册》

《陶渊明诗意图册》共12开，分别以《饮酒》《归园田居》《和郭主簿》《责子》《乞食》《拟古》中的诗句为主题。此图选取《归园田居》中"狗吠深巷中，鸡鸣桑树颠"之句，绘草木深巷之中，茅屋俨然，一位老者伫立屋内，旁侧山峰苍翠，溪水平流，小桥横架其上。图中的丛林、茅屋、孤松、岸柳、平溪，充满了田园趣味。全图用色淡雅，笔触细腻。

人生到处知何似,应似飞鸿踏雪泥

人这一生四处奔走到底像什么呢?应该是像在雪地中踏雪的鸿雁吧!

【古语出处】

出自宋代苏轼的《和子由渑池怀旧》:"人生到处知何似,应似飞鸿踏雪泥。泥上偶然留指爪,鸿飞那复计东西。老僧已死成新塔,坏壁无由见旧题。往日崎岖还记否,路长人困蹇驴嘶。"

【品谈老话】

人生本就充满着变化和身不由己,不必对已经发生的事情耿耿于怀,豁达地过好自己的生活即可。

[宋] 佚名 《雪芦双雁图》

此图绘两只大雁站在落雪的枯芦边,一只悠闲理翎,一只引颈注视远飞的翠鸟。图中动静搭配,笔触细腻。

心燥身更燥，心静自然凉

心里烦躁，身体也会燥热；心里平静，自然会感到凉爽。

【古语出处】

出自唐代白居易的《苦热题恒寂师禅室》："人人避暑走如狂，独有禅师不出房。可是禅房无热到，但能心静即身凉。"

【品谈老话】

本以为是燥热的天气让人感到烦躁，事实上却是人的心思太乱，无法平静，从而加重了身体的燥热感。

世上闲愁千万斛,不教一点上眉端

人世间无用的忧愁很多,没有必要让这些忧愁影响自己的心情。

【古语出处】

出自宋代陆游的《冬夜读史有感》:"断粞作饭终年饱,大布裁袍称意宽。世上闲愁千万斛,不教一点上眉端。"

【品谈老话】

这句话道出了一种人生感悟:被忧愁烦扰并不能解决问题,反而会更加扰乱我们的心绪,不如积极地看待忧愁,问题也就迎刃而解了。

[清] 禹之鼎 《春泉洗药图卷》

偷得浮生半日闲

> 在这纷扰的世事中难得享受片刻的清闲。

【古语出处】

出自唐代李涉的《题鹤林寺僧舍》:"终日昏昏醉梦间,忽闻春尽强登山。因过竹院逢僧话,又得浮生半日闲。"

【品谈老话】

从烦闷、失意中解脱出来,去一个幽雅脱俗的地方,让身心得到休养。在忙忙碌碌的生活中,享受一时的闲趣,也算是人生的一大幸事。

[明] 陈洪绶 《抚琴图》

此图描绘的是士人于磐石上安然抚琴的情景。士人冠服整齐,身侧有仕女六人环侍,她们或捧盘,或持扇,或执红缨,或捧炉。人物线条精妙婉转,用笔工致。

弱水三千，只取一瓢

天下的水再多，只舀取其中一瓢来喝。

【古语出处】

出自《论语》:"子曰:'贤哉！回也。一箪食，一瓢饮，在陋巷，人不堪其忧，回也不改其乐。贤哉！回也。'"

【品谈老话】

世间美好的事物再多，要珍惜的也只能是眼前看到的、手中攥紧的。

不详　佚名　《至圣先贤半身像·颜回》

　　颜回,曹姓,颜氏,名回,字子渊,鲁国都城(今山东省曲阜市)人,后世尊称复圣颜子,春秋末期鲁国思想家,孔门七十二贤之首。颜回居陋巷,生活清苦而不改志,孔子对其称赞最多,赞其好学仁人。

比上不足，比下有余

比不过前面的，但超过了后面的。

【古语出处】

出自汉代赵岐的《三辅决录》："上比崔杜不足，下比罗赵有余。"晋代张华的《鹪鹩赋》："将以上方不足，而下比有余。"

【品谈老话】

这句话有时候是不思进取之人的借口，有时候展现的是一种奋斗中的乐观心态，有时候也是一种知足的表现。

此处不留人,自有留人处

这里留不下,自然有可以留下的地方。

【古语出处】

出自南北朝陈叔宝的《戏赠沈后》:"留人不留人,不留人也去。此处不留人,自有留人处。"

【品谈老话】

这句话告诉人们不要因为一时的不得志而气馁,要相信自己总有一天能发挥所长。

[元] 赵孟頫 《春山闲眺卷》(局部)

[清] 金嵌松石珊瑚坛城

此件坛城于17世纪出自西藏,长16.7厘米,宽13.5厘米,全高25.1厘米。顶座嵌有数层松绿石,色泽艳丽,质地光洁细腻,顶座中间象征须弥山,四边的符号象征四大部洲。顶座周边分别围绕着一圈松绿石串和珊瑚串。器壁上有细腻的浮雕、金珠、金丝卷草纹等。此件坛城工艺精湛,为传世珍宝。

假金方用真金镀,若是真金不镀金

只有假金子才需要镀金来包装自己,真金子不需要镀金。

【古语出处】

出自唐代李绅的《答章孝标》:"假金方用真金镀,若是真金不镀金。十载长安得一第,何须空腹用高心。"

【品谈老话】

一个具有真才实学的人,不需要依靠外在的名利来包装自己。

［元］ 赵孟頫（传） 《诸葛亮像》

图中诸葛亮手持如意，坐在榻上，悠闲自在。图上有赵氏子昂印，后人据此推测该图是赵孟頫所作。全图用色典雅，线条流畅、飘逸，使诸葛亮聪颖贤达的形象跃然纸上。

谋事在人,成事在天

谋划事情要尽力而为,至于能否成功,就要看天意了。

【古语出处】

出自明代罗贯中的《三国演义》:"'谋事在人,成事在天',不可强也。"

【品谈老话】

一个目标的达成,既需要人的努力,也需要时运相助。当人力已经尽到,能否达成所愿就要看时运了。

[宋] 佚名 《唐太宗立像》

此图绘唐太宗李世民全身像。他头戴乌纱帽,黑发长须,身着龙袍,腰束玉带,双手持带,雄姿英发。李世民即位后,留心吏治,选贤任能,从谏如流,终成一代明主。

水能载舟,亦能覆舟

水既可以让船安稳地航行,也可以将船打翻。

【古语出处】

出自唐代吴兢的《贞观政要》:"臣又闻古语云:'君,舟也;人,水也。水能载舟,亦能覆舟。'陛下以为可畏,诚如圣旨。"

【品谈老话】

这句话蕴含着世间万事万物都有两面性的道理。统治者就像浮在水上的船,百姓则是承载船只的水,百姓既可以拥立统治者,也可以推翻统治者。

[宋] 马远 《举杯邀月图》

此图绘迷蒙山色之中,一人独坐,向明月举杯,得自然之趣,淡定从容。近处悬崖峭壁,古木杂生。全图设色淡雅,一派逍遥物外之意境。

日中则移,月满则亏

太阳过了正午就要西斜,月亮圆了以后就要亏缺。

【古语出处】

出自汉代刘向整理编订的《战国策》:"日中则移,月满则亏,物盛则衰,天之常数也。"

【品谈老话】

物极必反,盛极必衰,万物皆是如此。人的一生又何尝不是这样。所以,我们要学会以处变不惊的心来面对一切变化。

尺之木必有节目，寸之玉必有瑕瓋

一尺的木头一定有节疤，一寸的玉一定有瑕疵。

【古语出处】

出自战国时期吕不韦及其门客编撰的《吕氏春秋》："尺之木必有节目，寸之玉必有瑕瓋。先王知物之不可全也，故择务而贵取一也。"

【品谈老话】

任何事物都不是十全十美的，我们的人生亦是如此。只有学会接纳不完美，才能获得幸福。

[元] 赵孟頫(传) 《百尺梧桐图》(局部)

在高大的梧桐树下,有一座轩堂,一位文士端坐其中,旁侧一位童子手捧盘盂而来。梧桐树枝繁叶茂,树干挺直,岸边栏杆曲折。此图设色典雅,用笔细腻。

来如风雨,去似微尘

来的时候如风雨一样浩浩荡荡,走的时候像微尘一样静悄悄。

【古语出处】

出自明代《增广贤文》:"来如风雨,去似微尘。"

【品谈老话】

这句话所传达的是一种豁达、乐观的心态。在不同的人生阶段,总会有不同的问题困扰着我们,有人羡慕别人,有人感叹不得志,但无论怎样,人生最后也不过是一抔黄土。所以,没必要在意那么多,在这短暂的一生中,快乐、恣意地做自己就好。

[清] 袁耀 《山雨欲来图》

图中描绘的是暴雨来临前的情景：黑沉沉的浓云正在天空中盘踞，地面上山崖高耸嶙峋，树木随风低伏，归舟在水上飘摇。人生天地间，如来风雨去微尘，若白驹过隙，忽然而已，所以要调整好心态，快乐地过完一生。

[元] 赵孟頫 《红衣罗汉图》(局部)

图中一位红衣罗汉在大树下盘膝而坐,平伸左掌,与青石古树为伴,神情自若,闲适淡然。画面典雅古朴,设色浓艳,朱红配青绿,色重而不俗。该图构图精妙,人物形神兼备。

青目睹人少,问路白云头

一个人走在山上,人烟稀少;白云往哪里飘,我就跟着去哪里。

【古语出处】

出自五代后梁布袋和尚的《千家饭》:"一钵千家饭,孤身万里游。青目睹人少,问路白云头。"

【品谈老话】

出家人手持一个钵盂,走遍千山万水,不理会世人的目光,只和清风白云做伴,这是多么快意舒畅!人生如果有如此闲适的时光,哪怕是短暂的,也足以快慰疲惫的心灵了。

[清] 郎世宁 《弘历雪景行乐图》

此图描绘的是乾隆皇帝与众皇子在宫苑里赏雪的情景,众人或灼松枝,或堆雪兽,或燃爆竹,一家人其乐融融。图中设色明艳,人物形象鲜明生动。

人道谁无烦恼,风来浪也白头

人们都说,谁会没有烦恼呢?当风刮来的时候,连水面都会翻起白花花的浪头。

【古语出处】

出自宋代《名贤集》:"泰山不却微尘,积少垒成高大。人道谁无烦恼,风来浪也白头。"

【品谈老话】

烦恼对于我们来说太过平常了,我们要用积极乐观的心态去看待它们。

[五代十国] 徐熙 《花卉草虫图》（局部）

图中描绘的是花丛中鸣虫翩跹之景。徐熙以细笔勾画枝叶荟蕊茂盛生长之态，花瓣略施杂彩，叶片形态各异，上有鸣虫飞至，似欲落于花上。全图色彩鲜艳丰富，一派生机盎然之景。

草木本无意,荣枯自有时

草木是没有意识的,它们的荣枯都是由时节决定的。

【古语出处】

出自唐代孟浩然的《江上寄山阴崔少府国辅》:"春堤杨柳发,忆与故人期。草木本无意,荣枯自有时。山阴定远近,江上日相思。不及兰亭会,空吟祓禊诗。"

【品谈老话】

任何事物都有其发展规律,不以人的意志为转移,人不应妄图去改变这种规律。

近水楼台先得月,向阳花木易为春

靠近水边的楼台因为没有树木的遮挡,可以先看到月亮,迎着阳光的花木更容易发芽生长。

【古语出处】

出自宋代苏麟的《断句》:"近水楼台先得月,向阳花木易为春。"

【品谈老话】

所处的环境不同,得到的机会也不同。所以,人一定要主动争取机会,才能获得成功。

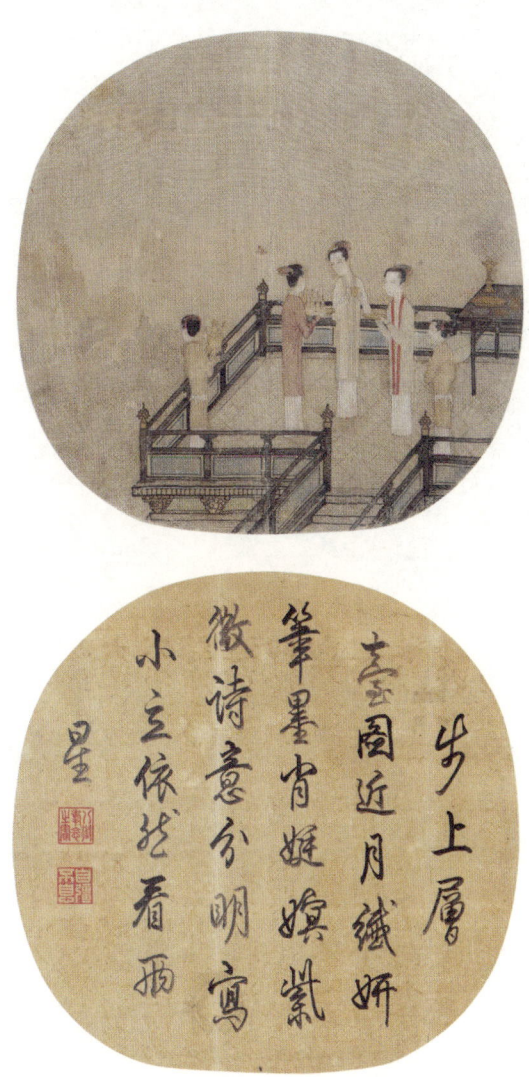

[宋] 刘宗古 《瑶台步月图》

图中描绘的是夜晚仕女登上露台赏月的情景。几位仕女手捧茶杯、茶盘等,站在露台上交谈。楼阁富丽,栏杆精巧,远处有树木隐现,空中明月半掩,浮云明净。

[清] 陈枚 《耕织图》（局部）

《耕织图》是中国古代为劝课农桑，采用绘图的形式详实记录农人耕作与蚕织的系列图谱。此图描绘的是春天农人辛勤耕作的场景，笔法工致，设色妍丽，具有清代宫廷绘画的典型特征。

一年之计在于春,一日之计在于寅

一年中最重要的时间莫过于春天,一天中最重要的时间莫过于早晨。

【古语出处】

出自明代《增广贤文》:"一年之计在于春,一日之计在于寅。一家之计在于和,一生之计在于勤。"

【品谈老话】

要想有所作为,就要开一个好头,走好第一步。

[清]　周鲲　《仿王翚山水册·渔庄晚霁》

此图描绘的是日暮渔舟归庄之景。图中以远山、淡水、夕霞、归舟构建远景，近景为祥和的山村，屋舍俨然，禾苗低伏，池塘群鸭游弋。整幅图的意境安和可喜。

莫道桑榆晚,为霞尚满天

不要说阳光照到桑树、榆树之间时已经接近傍晚,它的余晖依旧可以映红天空。

【古语出处】

出自唐代刘禹锡的《酬乐天咏老见示》:"细思皆幸矣,下此便翛然。莫道桑榆晚,为霞尚满天。"

【品谈老话】

这句话表达了人们对待老年生活的积极态度:不要觉得自己年纪大了就没有用了,其实能发挥余热的地方还很多。

[清] 黄慎 《商山四皓图》

秦朝末年,东园公、绮里季、夏黄公、甪里先生为避秦暴政而隐居商山(今陕西省商县东南),待四人出山时皆八十有余,须眉皓白,故称"商山四皓"。他们四人不愿为官,于山中安贫治学,不知老之至。图中峰峦高耸,苍松幽翠,飞瀑流泉,古朴奇绝,人物神态生动自然,笔墨温厚浑润。

不知老之将至

不知道即将老去。

【古语出处】

出自《论语》:"发愤忘食,乐以忘忧,不知老之将至云尔。"

【品谈老话】

为什么察觉不到自己已经老了呢?因为把全部精力都投入了让自己兴奋的事业当中,奋斗起来连饥饿都忘记了,快乐起来就没有忧虑了。这样的人生,即便老了也是年轻着的。

[清] 佚名 《胤禛美人图·抚书低吟》

图中汉装仕女独坐圆凳，斜倚桌前，右手持展开的书卷，神态安详，其眼神并未落在书卷上，似在沉思。此图设色明艳，线条流畅，人物神态生动。

读书不觉已春深，一寸光阴一寸金

专心读书时，不知不觉春天竟然快过完了，时间就如同黄金一样珍贵。

【古语出处】

出自唐代王贞白的《白鹿洞二首·其一》："读书不觉已春深，一寸光阴一寸金。不是道人来引笑，周情孔思正追寻。"

【品谈老话】

以金子比喻光阴，表明时间宝贵，应该珍惜。

莫等闲,白了少年头

> 不要浪费时间,别等到年老了徒留遗憾。

【古语出处】

出自宋代岳飞的《满江红·写怀》:"三十功名尘与土,八千里路云和月。莫等闲,白了少年头,空悲切。"

【品谈老话】

年轻人要珍惜时间,善于利用有限的时间不断地提高自己,如此才不至于等到年老时后悔自己虚度光阴。

[宋] 佚名 《岳飞像》

岳飞,字鹏举,相州汤阴(今河南省汤阴县)人,南宋抗金名将、军事家、书法家、诗人。他果毅坚勇,忠义双全,好学惜时,文才卓越。

[清] 许良标 《芭蕉美人图》

夏日庭园中，芭蕉树下，一名容貌清秀的少女正手持扇子，倚坐于湖畔石上，凝望着湖中的荷花，若有所思。此图设色明丽，用笔细腻。

年年岁岁花相似,岁岁年年人不同

> 每一年的花都开得同样好看,然而随着时间的流逝,人的青春却无法永驻。

【古语出处】

出自唐代刘希夷的《代悲白头翁》:"古人无复洛城东,今人还对落花风。年年岁岁花相似,岁岁年年人不同。寄言全盛红颜子,应怜半死白头翁。此翁白头真可怜,伊昔红颜美少年。"

【品谈老话】

人世间的事物都是变化无常的,时间易逝,年华易老,要用积极乐观的心态来看待。

少年辛苦终身事，莫向光阴惰寸功

年少时的努力必将终身受益，面对匆匆流逝的光阴，不应该有丝毫的懈怠。

【古语出处】

出自清代魏源的《晓窗》："少闻鸡声眠，老听鸡声起。千古万代人，消磨数声里。"

【品谈老话】

岁月总是在不知不觉中流逝，这句话告诫我们一定要珍惜时间。

少年易老学难成，一寸光阴不可轻

青春易逝，等到人老了再学习就会很困难，应该珍惜年少时的每一寸光阴，不能辜负了时间。

【古语出处】

出自宋代朱熹的《劝学诗》："少年易老学难成，一寸光阴不可轻。未觉池塘春草梦，阶前梧叶已秋声。"

【品谈老话】

时间一去不复返，人生易老，学问难成，要珍惜光阴，充分利用一切时间好好学习。

[清] 佚名 《道光帝行乐图》（局部）

[清] 姚文瀚 《岁朝欢庆图》

该图描绘的是过年时阖家欢庆团圆的场景,将新春时欢快热闹的气氛表现得淋漓尽致。孩童们在庭院中或敲锣击鼓,或吹笙拍板,或点燃爆竹,嬉戏欢闹。厅堂中,主人们端坐于餐桌前,似观看孩童们玩耍。侍女们环侍在主人周围,或捧杯,或持酒壶,或端送饭食。厨娘们在后院忙着做年夜饭。远处朱阁上,几个仆人正往檐下悬挂灯笼。庭院中瑞松挺拔,奇石兀立。整幅图层次分明,结构精巧,人物神态自然。

芳林新叶催陈叶,流水前波让后波

> 树林中的新叶总是不断地催换着旧叶,流水里的前浪总是不断地让位给后浪。

【古语出处】

出自唐代刘禹锡的《乐天见示伤微之敦诗晦叔三君子皆有深分因成是诗以寄》:"吟君叹逝双绝句,使我伤怀奏短歌。世上空惊故人少,集中惟觉祭文多。芳林新叶催陈叶,流水前波让后波。万古到今同此恨,闻琴泪尽欲如何。"

【品谈老话】

这句话告诉我们新事物取代旧事物是客观世界发展的必然规律,我们要用发展的眼光来看待事物。

[明] 唐寅（传） 《藻鱼图》

图中描绘的是荷塘中群鱼戏藻之景。数尾小鱼欢快地游戏于荇藻之间，两尾稍大的鱼自在嬉戏。群鱼刻画逼真，荇藻轻灵且富于动感。

相濡以沫,不如相忘于江湖

泉水干了,鱼互相吐沫求得生存,还不如各自到大江大湖里去更加自由。

【古语出处】

出自《庄子》:"泉涸,鱼相与处于陆,相呴以湿,相濡以沫,不如相忘于江湖。"

【品谈老话】

这句话讲的是舍得的重要性。面对困境,与其用微薄的力量互相帮助,不如放弃执着,去寻找全新的自我。

[清]　张风　《山水图·寒秋晚烟》

此图描绘的是高士在寒秋时，于疏林水畔寻章觅句之景。图中秋林萧索，寒烟重重，流水清冷，景色空寂之至。世间寒来暑往，草木荣枯皆有其运行规律，顺其自然便好。

万物兴歇皆自然

> 万物的兴衰都是遵循自然规律的。

【古语出处】

出自唐代李白的《日出行》:"木不怨落于秋天。谁挥鞭策驱四运,万物兴歇皆自然。"

【品谈老话】

日升日落,春去秋来,世间万事万物都有其运行的自然规律,人不可以逆规律而行,只能顺应规律做事。

旧时王谢堂前燕,飞入寻常百姓家

当年王导、谢安屋檐下的燕子,如今已经飞入了寻常百姓家。

【古语出处】

出自唐代刘禹锡的《乌衣巷》:"朱雀桥边野草花,乌衣巷口夕阳斜。旧时王谢堂前燕,飞入寻常百姓家。"

【品谈老话】

世事凋零,物是人非,再辉煌的盛景,在岁月面前也不过是昙花一现。

[明] 仇英 《连昌宫词图》（局部）

　　此图是以著名的隋唐宫殿连昌宫为题材的诗画轴。画中以重青绿描金山水，峰峦挺秀，色彩繁复。连昌宫依山而建，碧水环绕，宫人朝歌暮弦，凭栏眺望，对坐闲谈，一派皇家贵族气象。图中景物辽阔深远，人物勾勒简明，艳而不俗。安史之乱后，连昌宫成了废墟，辉煌的盛景再难重现。

岁寒,然后知松柏之后凋

到了寒冷的季节,才看得出松柏是最后凋零的。

【古语出处】

出自《论语》:"子曰:'岁寒,然后知松柏之后凋也。'"

【品谈老话】

高贵的品质,只有经历了考验才能显现出来。

[清] 郎世宁 《雍正十二月行乐图轴·腊月赏雪》

腊月时,刚下过雪,湖面结冰,山树萧索。画面近景为锦绣庭园,数棵虬松栽于楼阁周围,枝叶苍翠,积雪皑皑,虽天寒地冻,却依然挺立。庭园中众人或堆雪狮,或赏雪景,或观鹿戏,均自得其乐,充满诗意。

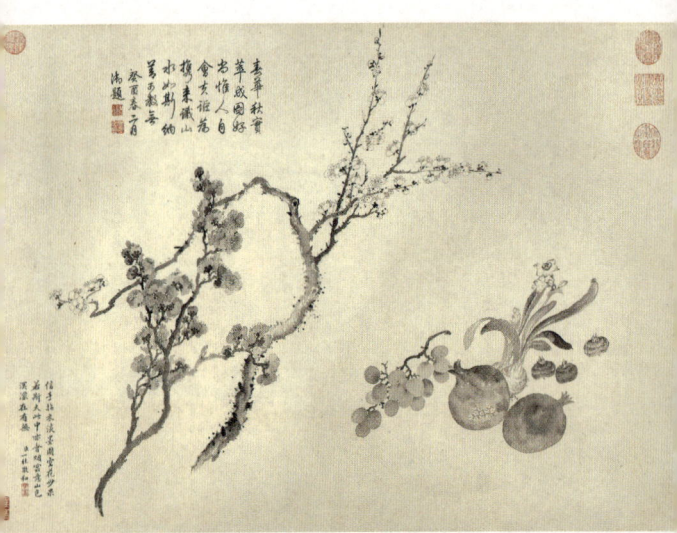

[清] 邹一桂 《春华秋实轴》

此图以水墨绘花朵、果实。图的左侧为凌寒而开的数枝墨梅，右侧为石榴、葡萄等数枚秋实。该图用笔细腻，构图简洁。

春花无数,毕竟何如秋实

春天的花纵然有千万朵,也比不上秋天累累的果实。

【古语出处】

出自宋代陈亮的《三部乐·七月廿六日寿王道甫》:"入脚西风,渐去去来来,早三之一。春花无数,毕竟何如秋实。不须待、名品如麻,试为君屈指,是谁层出。"

【品谈老话】

春花与秋实,一个美艳浮华,一个朴实无华。这句话告诉我们切勿追求浮华,而应崇尚务实。

[明] 张纪 《人面桃花图》

初春时节,庭院中桃花初绽,一位仕女站在树下,正细细地观看手中的折枝桃花,表情悲戚,似在感伤青春易逝,韶光不再。全图工笔线条连绵流畅,设色典雅清丽。

人无千日好,花无百日红

人生不会一帆风顺,花朵也不会一直盛开。

【古语出处】

出自元代杨文奎的《儿女团圆·楔子》:"人无千日好,花无百日红。早时不计算,过后一场空。"

【品谈老话】

事物都是不断变化的,没有什么能一直长盛不衰,所以不要为了一时的辉煌而得意忘形,也不必为了一时的落魄而一蹶不振。

[明] 刘琰 《骑马游山图》

崇山峻岭中，一座高楼矗立其间，立柱飞檐，富丽堂皇。山前林木苍翠，花叶盈枝。山道上一位红衣男子骑马经过，似沉醉于眼前之景。马匹在我国古代不仅是重要的军事装备，还是人们日常出行的交通工具。

路遥知马力,日久见人心

> 只有走远路时,才知道马的耐力如何;时间长了,才能识别人心的善恶。

【古语出处】

出自元代《争报恩》:"则愿得姐姐长命富贵,若有些儿好歹,我少不得报答姐姐之恩,可不道路遥知马力,日久见人心。"

【品谈老话】

人心是这世间简单而又复杂的东西,而时间是检验人心的"试金石",经得起时间考验的才是真感情。

伍 人生智慧篇

莫言名与利,名利是身仇

> 不要满口都是名利,名利是伤人的利器。

【古语出处】

出自唐代杜牧的《不寝》:"到晓不成梦,思量堪白头。多无百年命,长有万般愁。世路应难尽,营生卒未休。莫言名与利,名利是身仇。"

【品谈老话】

不要刻意去追求名利,因为会很容易为名利所奴役。淡泊名利,踏实做人,才是正道。

[清] 石涛 《陶渊明诗意图》

此图取诗句"采菊东篱下,悠然见南山"之意,描绘陶渊明于东篱采菊,远望南山之景。图中展现出陶渊明放下名利,远离世俗的清雅淡泊之态。

[清] 佚名 《雍正帝读书像》

图中雍正帝端坐于锦垫之上，手持书卷，做沉思状，似在默默品味书中的智慧。雍正帝在位期间，勇于革新，勤于政事。但人的精力终归有限，勤如雍正帝也无法做到面面俱到。

日理万机,安能尽善

一个人一天处理很多种事务,是根本无法办好的。

【古语出处】

出自唐代吴兢的《贞观政要》:"一日万机,一人听断,虽复忧劳,安能尽善?"

【品谈老话】

人的精力总是有限的。一天把很多种事务摆在一个人的面前,所有的大事、小事都要他拿主意,即便这个人再勤劳,又怎么可能把所有的事情都办好呢?

[清] 佚名 外销画

秦桧,字会之,江宁(今江苏省南京市)人,南宋四大权相之首,在南宋朝廷内属于对金主和派、投降派,积极奉行降金乞和的政策,被后世视为奸臣,其陷害岳飞之举尤其受到后世唾骂。

多行不义,必自毙

> 坏事干多了,必然会自取灭亡。

【古语出处】

出自春秋时期左丘明的《左传》:"多行不义,必自毙,子姑待之。"

【品谈老话】

"善有善报,恶有恶报",人这一生要多积德行善,少行不义之举,否则会遭到恶报。

[明] 仇英 《人物故事图册·贵妃晓妆》

此图描绘的是杨贵妃晨起在华清宫端正楼对镜梳妆之景。图中详细刻画了侍女们奏乐、采花、携琵琶等情景，表现了杨贵妃奢华的生活。图中侍女端庄秀美，楼阁布局严谨，山石树木形态各异，设色艳丽，笔致工细，流畅自然。

骄奢生于富贵,祸乱生于忽微

在富贵的时候会滋生骄奢,在疏忽的时候会发生灾祸。

【古语出处】

出自宋代司马光等人编撰的《资治通鉴》:"徵与吾共安天下,常恐骄奢生于富贵,祸乱生于所忽,故知守成之难。然创业之难,既已往矣;守成之难,方当与诸公慎之。"

【品谈老话】

这句古话告诫我们,创业自然是艰难的,但创业成功之后依然能够保持谦恭和警惕更难。

[清] 任熊 《文会图》

此图描绘的是文人雅士以文会友、饮酒作画的场景。画面主体为三位雅士,他们衣冠庄重,纹饰繁杂。周围仕女持扇捧茶,还有两位童子献桃。该图笔墨高古,设色明艳。

物以类聚,人以群分

同类的事物都会聚在一起,志同道合的人也是相聚成群的。

【古语出处】

出自《周易》:"天尊地卑,乾坤定矣。卑高以陈,贵贱位矣。动静有常,刚柔断矣。方以类聚,物以群分,吉凶生矣。"

【品谈老话】

能够经常聚在一起的人,大都是意气相投、品性相近的,倘若三观不合,见面就吵架,又怎么能聚在一起呢?

不入虎穴,焉得虎子

不进入老虎的洞穴,又怎么能得到幼虎呢?

【古语出处】

出自南朝范晔的《后汉书》:"不入虎穴,不得虎子。当今之计,独有因夜以火攻虏,使彼不知我多少,必大震怖,可殄尽也。"

【品谈老话】

这句话意在强调不历经艰苦的实践,就不可能取得成功。做事情一定要深入实践,才能得到可靠的认知。

[汉] 铜质老虎面具

此面具形象生动,体现出西汉的虎虎雄风,具有一定的观赏和收藏价值。在古代,老虎与人之间的斗争常常发生。在上古时期,人们就开始了猎虎行动,用以消减虎患,彰示英勇。

欲穷千里目，更上一层楼

> 想要遍览千里以外的风景，就要登上更高的一层楼。

【古语出处】

出自唐代王之涣的《登鹳雀楼》："白日依山尽，黄河入海流。欲穷千里目，更上一层楼。"

【品谈老话】

只有站得越高，才能看得越远，要想取得成功就要加倍努力。

[清] 王时敏 《山楼客话图》

　　图中群山连绵，林木茂盛，云雾缥缈。山下隐现多座楼阁，傍山而建，其中一座楼阁中有两人对坐闲谈。岸边岩石高立，绿树环岸，山泉汇聚成溪，流入湖中。全图墨色古朴厚重，一派山楼美景。

憾事人人有，好事古难全

> 遗憾的事情每个人都有，称心如意的事情反而很难遇到。

【古语出处】

出自宋代苏轼的《水调歌头·明月几时有》："人有悲欢离合，月有阴晴圆缺，此事古难全。"

【品谈老话】

这句话描述了人生的不圆满。的确，人生如月，总会有阴晴圆缺。这也就意味着人生是不可能尽善尽美的，没有必要事事求全。

[宋] 刘松年（传） 《嫦娥月宫图》

此图描绘的是月宫中嫦娥携兔游园的景象。图中仙气缥缈，玲珑仙阁在云雾中半隐半现，瑰奇珍木繁盛。全图用笔细腻，设色雅丽，有仙家气韵。

[宋] 佚名 《六马图》

此图描绘的是圉人牧马的情景。图中三人在一处交谈,马儿乖巧地立在一旁,另一人骑马回头看。图中六匹马神态灵动,矫健不凡。

塞翁失马,焉知非福

一位老翁丢了他的马,虽然一时受到了损失,但是也许会因此得到好处。

【古语出处】

出自汉代刘安及其门客所著的《淮南子》:"故福之为祸,祸之为福,化不可极,深不可测也。"

【品谈老话】

祸与福有时可以相互转化,祸事可以变为喜事,而喜事也可以变成祸事。

既来之，则安之

既然把人招抚过来，就要让他们安顿下来。

【古语出处】

出自《论语》："夫如是，故远人不服，则修文德以来之。既来之，则安之。"

【品谈老话】

有的事情，既然已经迈出了第一步，无法反悔，与其忧虑悲观，自找烦恼，倒不如放宽心态，安下心来，看看结果到底如何。

[明] 佚名 《岩壑清晖册·柳岸村舍》

《岩壑清晖册》共 12 幅图，描绘的是一年四季景物的变化。图中柳条舞动，树木苍翠，屋舍俨然，连绵青峰隐于云雾中。河中一叶轻舟破水前行，岸边一人正向小舟挥手。全图用笔精谨，画面丰满，气氛轻松。

[明] 佚名 《帝鉴图说·不喜珠饰》

此图取自宋仁宗不喜珠饰的典故，凸显其仁爱恭俭的品德。

天下之事,常成于困约,而败于奢靡

天下的事情往往在困境中走向成功,在骄奢中走向失败。

【古语出处】

出自宋代陆游的《放翁家训》:"然游于此切有惧焉,天下之事,常成于困约,而败于奢靡。"

【品谈老话】

这句话与"生于忧患,死于安乐"有着异曲同工之妙,传达的是一个人,乃至一个国家兴于俭、败于奢的道理。

小不忍则乱大谋

> 在小事上不忍让，会坏了大事。

【古语出处】

出自《论语》："巧言乱德，小不忍则乱大谋。"

【品谈老话】

我们要学会忍耐，不要因为一些小事逞一时之快。很多大事的关键点就在小事上，有时候一些别有用心之人会故意在一些小事上激怒我们，从而达到破坏大事的目的。

[清] 郎世宁 《弘历观荷抚琴图》

乾隆皇帝身着汉装,坐在亭中观荷抚琴,周边的重峦叠嶂、云岚松鹤、点点清荷,喻其襟怀心境。此图笔触细腻,建筑结构刻画清晰,颜色清丽且富有变化。

[元] 钱选 《公子挟弹图》（局部）

图中戴乌帽、着朱衣的士人身骑白马，一手挟猎弓，一手捋袖，放眼半空，正欲猎禽鸟。此图用笔工致，人与马的造型准确，线条流畅，设色古雅。古代制弓对材料的选择、加工的方法等都有详细的要求，暗蕴处世之理。

弓硬弦常断,人强祸必随

人过于强硬灾祸就会随之而来,就如同弓过于坚硬,弦就会常常绷断一样。

【古语出处】

出自元代高文秀的《黑旋风双献功》:"便好道:'弓硬弦常断,人强祸必随。'你若保着孙孔目回来时,我自有重赏。小心在意,则要你忍事饶人者。"

【品谈老话】

这句话意在强调做人如果总是争强好胜,那他的人生之路一定会越走越窄。懂得示弱是一种智慧,放低自己的姿态,才能积攒更多的福气。

[元] 赵孟頫 《观泉图》

此图描绘的是士人在山壁下观水聆泉之景。图中,两侧青壁相对,苍松高大挺拔,树冠处浮云缭绕,一道飞瀑自山壁间泻出。山脚处,一位士人抱臂听泉,状甚悠闲。该图设色清新典雅,笔法高逸。

忍得一时忿,终身无恼闷

人如果能克制一时的愤怒,冷静地处理各种变故,就可以免去一生的苦恼。

【古语出处】

出自清代曹雪芹、高鹗的《红楼梦》:"忍得一时忿,终身无恼闷。"

【品谈老话】

这句话是在告诫人们,不要因为一时的冲动而做过分的事,否则很可能导致严重的后果而使自己终生懊悔。只有学会控制情绪,理性行事,才可以远离烦恼。

[清] 吴石仙 《秋山看雨晴图》

秋日雨晴后,天边暮色渐浓,雁阵还巢,奇峰耸立,江面开阔平静。一人在江边亭中远眺,一旁侍从持盆行来,似也沉醉于景色之中。此图笔墨浓淡相宜,立意高远。

忍一时风平浪静，退一步海阔天空

忍让一时，可以摆脱与他人的纠缠；退让一步，可以让自己的心情舒畅起来。

【古语出处】

出自明代《增广贤文》："忍一时风平浪静，退一步雨过天晴。"

【品谈老话】

压制住暂时的冲动便可以平息纠纷，理智的退让能够创造宽松的环境，让双方都感到舒畅。不要总想着强硬，有时候转换一下方式更容易解决问题。

[清] 佚名 《光绪帝读书像》

爱新觉罗·载湉，清朝第 11 位皇帝，在位 34 年，年号"光绪"。他是一位有志向的君主，好学勤政。"戊戌变法"失败后，慈禧太后将其幽禁。1908 年 11 月 14 日，光绪帝暴崩，享年 38 岁。

居高常虑缺,持满每忧盈

身处高位时,要常常思考自己的缺失之处;盈满时,要常常担心会溢出。

【古语出处】

出自南北朝萧纲的《蒙华林园戒诗》:"居高常虑缺,持满每忧盈。"

【品谈老话】

这句话描述的是一种谦卑的姿态。人无论何时都不能丢失谦卑的品性,就算身居高位,手握无数财富,也要懂得发现自己的不足,不断学习。

[元] 赵孟頫(传) 《花溪浴马图》(局部)

此图描绘的是炎炎夏日,养马人在水塘中浴马的情景。养马人或牵马下水,或给马擦洗,或牵马上岸。人与马姿态各异,形象传神,马匹毛色均匀,体形丰肥。该图行笔工细,线条流畅,色彩清丽,富有意趣。

良马期乎千里,不期乎骥骜

能日行千里的马就是好马,有没有千里马的名号不重要。

【古语出处】

出自战国时期吕不韦及其门客编撰的《吕氏春秋》:"良剑期乎断,不期乎镆铘;良马期乎千里,不期乎骥骜。"

【品谈老话】

这里是在以"良马"来类比法律,能治理好国家的法律就是好法律,没有必要拘泥于古法。

[明] 佚名 《帝鉴图说·解裘赐将》

此图描绘的是宋太祖解裘赐给征西将士的故事。

将欲取之,必姑与之

想要从他人身上获得好处,就要先给予他人一些好处。

【古语出处】

出自汉代刘向整理编订的《战国策》:"将欲败之,必姑辅之。将欲取之,必姑与之。"

【品谈老话】

这句话告诉我们先有舍才有得,要想让一个人为自己所用,就要给予其相应的利益。

从来好事天生俭,自古瓜儿苦后甜

> 世间的好事都是很难遇到的,瓜儿的生长也是先苦后甜的。

【古语出处】

出自元代白朴的《阳春曲·题情》:"从来好事天生俭,自古瓜儿苦后甜。奶娘催逼紧拘钳,甚是严,越间阻越情忺。"

【品谈老话】

这句话揭示了人生的普遍规律——先苦后甜。无论做什么事情都是如此,只有历经波折,努力奋斗,才能尝到甜头。

[宋] 佚名 《秋瓜图》

图中有秋瓜三枚,二青一白:青瓜的瓜皮青绿,瓜棱赭黄;白瓜的瓜皮莹白,瓜棱黄绿。藤蔓与瓜叶、花朵点缀其间,似乎能闻到秋瓜的香甜。该图用笔圆润细劲,简洁又富有意趣。

金无足赤,人无完人

世上没有成色十足的金子,也没有十全十美的人。

【古语出处】

出自宋代戴复古的《寄兴》:"黄金无足色,白璧有微瑕。求人不求备,妾愿老君家。"

【品谈老话】

世界上并不存在完美的人或事物。这句话意在告诉人们:凡事不必苛求完美,只要尽力去做就好。

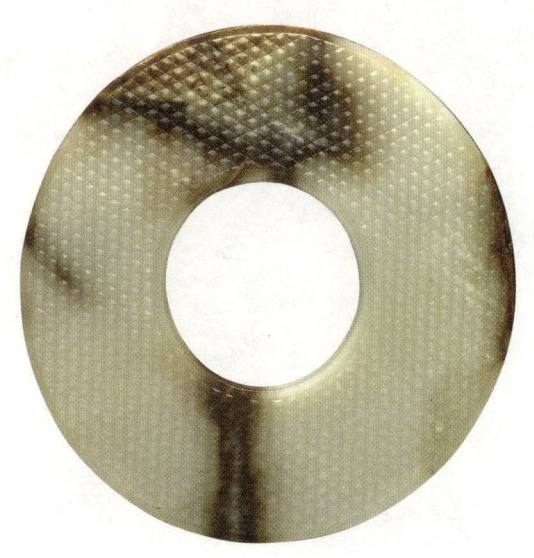

[战国至西汉] 蒲纹璧

蒲纹即蒲席的纹样,多用来装饰玉璧,表达了古人对安居乐业的向往和祈求。此蒲纹璧为白玉质,战国至西汉年间所制,璧周有黑色沁,仿佛给白璧附上微瑕,历史厚重感扑面而来。

[明] 陆士仁 《柳荫暮桥图页》

图中暮色低沉,柳塘清远,一行飞鸟从天际飞过,池塘里水鸭成群,岸边郁郁葱葱。此图景色平淡自然,笔墨清雅,勾勒细腻。

有意栽花花不开,无心插柳柳成荫

悉心养育的花不曾盛开,随意折下的柳枝插在土里却长成了茂盛的柳树。

【古语出处】

出自明代《增广贤文》:"有意栽花花不发,无心插柳柳成荫。"

【品谈老话】

翘首以盼的事情不曾出现,无意向往的事情却不期而遇。人生就是如此,虽不如人愿,但总有些意外之喜。

立身成败,在于所染

做人成败与否,往往取决于自己所处的环境。

【古语出处】

出自唐代吴兢的《贞观政要》:"立身成败,在于所染。兰芷鲍鱼,与之俱化。慎乎所习,不可不思。"

【品谈老话】

所谓"近朱者赤,近墨者黑",一个人所处的圈子往往影响着自己的命运。结交什么样的朋友,就会成为什么样的人。

[元] 赵孟頫（传） 《西园雅集图》

此图描绘的是北宋名士苏轼、苏辙、黄庭坚、秦观等十余人在驸马王诜的庭园中宴集的故事。众人志同道合，在庭园中或论道，或观文，或奏琴，或题壁。庭园中有奇石、瑞松、芭蕉、清溪，景色宜人。该图线条流畅，人物造型古雅。

医得眼前疮,剜却心头肉

> 用刀挖掉心头的肉,来医治眼前的烂疮。

【古语出处】

出自唐代聂夷中的《咏田家》:"二月卖新丝,五月粜新谷。医得眼前疮,剜却心头肉。"

【品谈老话】

这句话的本义是描述底层民众的艰难生活。由此延伸出哲理,表明为救眼前之急而不顾一切后果的做法是不可取的,做事一定要把眼光放长远。

[明] 周臣 《流民图》（局部）

　　此图为一幅长卷，图中的明代吴地流民皆穿着破烂，他们或斜挎锣鼓，或拄杖而立，或身负柴荆。全卷笔法写实，人物神态逼真，衣着刻画精细，反映出当时底层人民流离失所的艰难处境。

[明] 居节 《山水册·江南新雨》

江南新雨后,天地清朗,万物得以滋养,游人泊舟,颇得闲趣。图的中部以虚带实,意为茫茫江水;远处青山重峦叠嶂,云岚缥缈;近处野树参差。此图意境清旷,有文人韵致。

甘露时雨,不私一物

天降的甘露和雨水,不会偏向任何一种事物。

【古语出处】

出自战国时期吕不韦及其门客编撰的《吕氏春秋》:"甘露时雨,不私一物。万民之主,不阿一人。"

【品谈老话】

机遇有时就像这甘霖一样,只要刚好赶上了它的降临,就会得到关照。

[明] 陈洪绶 《蕉林酌酒图》

园中蕉竹摇翠,湖石奇崛。蕉下石旁,一位高士斜倚石案,手持古爵,却似带愁容,酌酒入愁肠。两位侍女正忙于滤酒。此图线条细劲,以青绿色调为主,笔墨拙健高古,是难得的精品。

抽刀断水水更流，举杯消愁愁更愁

拔刀断水，水却流淌得更加汹涌；举起酒杯想要消解忧愁，却是愁上加愁。

【古语出处】

出自唐代李白的《宣州谢朓楼饯别校书叔云》："俱怀逸兴壮思飞，欲上青天揽明月。抽刀断水水更流，举杯消愁愁更愁。人生在世不称意，明朝散发弄扁舟。"

【品谈老话】

这句话告诉我们要正确看待人生的苦闷，有些苦闷往往无法排遣，只有顺其自然。

[清] 王时敏 《杜甫诗意图册》

此图册是依据杜甫的诗意绘制的,共十二开,每开上用隶书写杜甫诗两句。此图是依据"蓝水远从千涧落,玉山高并两峰寒"所绘。图中流水青山,草木葱茏,云雾缭绕,飞瀑直泻,山脚下一位渔夫荷网而归,远处隐约可见两间屋舍。该图笔法生动随意,以青绿色为主色调,意境旷达。

蚍蜉撼大树，可笑不自量

蚂蚁居然妄图去撼动大树，真是既可笑又不自量力。

【古语出处】

出自唐代韩愈的《调张籍》："李杜文章在，光焰万丈长。不知群儿愚，那用故谤伤。蚍蜉撼大树，可笑不自量。伊我生其后，举颈遥相望。夜梦多见之，昼思反微茫。"

【品谈老话】

这句话告诉我们做人要脚踏实地，认清自己的能力，不要妄图去做一些自己做不到的事情。

[清] 刘德六 《花卉十二员图》

此图册共有十二开，均以花卉为主，配以各种鸟类、昆虫。此图绘一只松鼠攀缘在松枝上，正仰观头顶的两只飞虫，画面生动活泼，极富生命力与自然情趣。

物情无巨细,自适固其常

生命体无论大小,都以自得其乐为常情。

【古语出处】

出自唐代杜甫的《夏夜叹》:"虚明见纤毫,羽虫亦飞扬。物情无巨细,自适固其常。念彼荷戈士,穷年守边疆。何由一洗濯,执热互相望。"

【品谈老话】

人要学会自得其乐。

[清]　张若霭　《御园暮春诗轴》

图绘暮春时节，御园内远山苍翠，长松崛立，到处一片郁郁葱葱。画面近处是一座书屋，四面有翠竹、绿柳、红桃环绕，一派生机勃勃的景象。

天涯何处无芳草

> 世界很大,没有必要执着于一件事情。

【古语出处】

出自宋代苏轼的《蝶恋花·春景》:"花褪残红青杏小。燕子飞时,绿水人家绕。枝上柳绵吹又少,天涯何处无芳草。"

【品谈老话】

世界很大,机会很多,所以人不要太在意一时、一处的失去。

豺狼当道,安问狐狸

> 豺狼当道不断伤人,何必管吃鸡的狐狸。

【古语出处】

出自汉代荀悦的《汉纪》:"宝问其次,文曰:'豺狼当道,安问狐狸!'宝默然不应。"

【品谈老话】

除恶必须先除首恶,而放过首恶豺狼只和狐狸较劲的人,不是惧怕豺狼就是别有所图。

[清] 郎世宁 《乾隆皇帝射猎图》

图绘初秋时节,在山明水秀的围场中,乾隆皇帝策马疾驰,正拉弓搭箭瞄准一只逃亡的豺狼。本图极具动感,人物描绘准确传神,画面设色丰富,清新自然。

[清] 陈枚 《耕织图册·入仓》

此图描绘的是粮食入仓的情景。在古代,农业生产受气候影响极大,为了防止因天灾而导致的饥荒,各朝代都建立起粮食仓储制度,提前做好准备。

仓无备粟,不可以待凶饥

仓库里如果没有备用的粮食,就无法应对灾年的饥荒。

【古语出处】

出自《墨子》:"故仓无备粟,不可以待凶饥;库无备兵,虽有义,不能征无义;城郭不备完,不可以自守;心无备虑,不可以应卒。是若庆忌无去之心,不能轻出。"

【品谈老话】

人想做一件事自然是重要的,但具备做成这件事的条件更为重要。凡事只有提前做好准备,才能有备无患。

利轻则义重，利重则义轻

> 看轻利益，就会看重道义；看重利益，则会看轻道义。

【古语出处】

出自宋代邵雍的《观物吟》："利轻则义重，利重则义轻。利不能胜义，自然多至诚。义不能胜利，自然多忿争。"

【品谈老话】

在人与人的交往中，如果双方更看重道义，相处起来自然比较真诚，否则，相处起来争斗就会多。

[元] 赵孟頫（传） 《松荫高士图》

　　此图描绘的是河畔松下两位高士端坐抚琴，童子在一旁侍奉的情景。高士以琴会友，不重名利，凸显其高洁的情操。水面翻涌生动，岸边青石嶙峋。两株高树扎根岸边，树冠茂盛。远景处山外更有青山，影影绰绰。该图用笔细腻，设色青绿，线条流畅。

[明末清初] 陆远 《摹古山水册·清溪横涉》

图绘烟水茫茫，一座庭院建在水边，屋内主客正对坐闲谈。庭院外竹柳夹道，清溪潺潺，流速和缓。溪上横跨一座小桥，桥上有主仆二人，正向庭院走去。远处青山隐隐，白云涌动。全图景色开阔，意境清远。

水清流去慢，好事总多磨

水越清澈，水流的速度越平缓，好的事情往往要经历很多波折。

【古语出处】

出自金代董解元的《西厢记诸宫调》："真所谓佳期难得，好事多磨。"

【品谈老话】

谁都想不费力地获得成功，但那又怎么可能呢？很多时候，做成一件事情之前总要遭遇各种困难，耗费很多精力，所以人要有耐心。

[清] 郎世宁 《仙萼长春图册·桃花》

此图描绘的是桃花盛放的美景。图中两只小巧妩媚的春燕停在桃花枝头，正相望交流。全图设色鲜艳，桃花、春燕相得益彰，极富生趣。

人间四月芳菲尽,山寺桃花始盛开

四月,平地上的百花都已经凋谢了,而山里古寺中的桃花却刚刚盛开。

【古语出处】

出自唐代白居易的《大林寺桃花》:"人间四月芳菲尽,山寺桃花始盛开。长恨春归无觅处,不知转入此中来。"

【品谈老话】

天气转热,艳阳高照之下,芳菲落尽,春天似乎已经离去了。然而在山中的大林寺,桃花盎然开放,为诗人保留了一片春色,给了诗人一种置身于世外桃源的感觉。

[清] 佚名 《胤禛美人图·裘装对镜》

暖室内，一名仕女身着裘装，腰系玉佩，侧坐于榻上，手持铜镜，正对镜自赏，其身后榻上有佛手一碟。墙上挂着一幅诗轴，行草字体，笔墨精妙。此图笔触细腻，设色鲜艳，人物神态生动自然。

未吃五月粽,破袭不敢放

在没吃到五月的粽子之前,去年冬天的旧棉袄还不能收起来。

【古语出处】

出自古代谚语:"未吃五月粽,破袄不敢放。"

【品谈老话】

端午节还没有过,天气随时会转凉。这句话中蕴含的是最朴素的生活智慧,是古人应对自然总结出来的生活经验。

天行有常,不为尧存,不为桀亡

> 自然规律永恒不变,不会因为尧的圣明而存在,也不会因为桀的暴虐而消亡。

【古语出处】

出自《荀子》:"天行有常,不为尧存,不为桀亡。应之以治则吉,应之以乱则凶。"

【品谈老话】

社会发展有其自身的规律,这种规律是客观的,不以人的意志为转移。所以,我们要放平心态,平和地应对生活中遇到的问题。遇事不强求,退一步反而海阔天空。

[宋] 佚名 《帝尧立像》

尧，古唐国（今山西省临汾市）人，帝喾之子，中国上古时期部落联盟首领。此图以工笔的手法展现帝尧的威严，笔触细腻，色彩鲜明，生动形象。

沉舟侧畔千帆过,病树前头万木春

翻覆的船只旁边仍有千艘船驶过,枯萎的树木前面也有万木欣欣向荣。

【古语出处】

出自唐代刘禹锡的《酬乐天扬州初逢席上见赠》:"……怀旧空吟闻笛赋,到乡翻似烂柯人。沉舟侧畔千帆过,病树前头万木春。……"

【品谈老话】

这句话暗含着新事物必然取代旧事物的人生哲理。世事如流水,新人换旧人,时光流逝,也意味着新的时光到来了。

[唐] 刁光胤 《写生花卉册·枯树五羊盘陀》（局部）

　　此图绘五只羊在枯树旁悠然觅食之态。远处群山半露，云雾茫茫。近处溪岸边，坡石枯树旁，五只羊或坐、或立、或觅食、或抬首四顾，构图颇有意趣。

匹夫无罪,怀璧其罪

百姓本没有罪,却因为身藏一块璧玉而获罪。

【古语出处】

出自春秋时期左丘明的《左传》:"周谚有之:'匹夫无罪,怀璧其罪。'"

【品谈老话】

得到超出个人能力的意外之财不是好事,有时甚至会带来祸患。

[战国晚期至西汉中期] 玉璧

　　玉璧,是一种中央有穿孔的扁平状圆形玉器,是我国传统的玉礼器之一,也是"六瑞"之一。在我国传统文化中,玉璧象征着美好的意愿和高贵的品质。此外,它还是权力等级的标志。《周礼》记载,玉璧是当时的祭器和礼器,只有天子及诸侯方可拥有,平民百姓是不可以随便使用的,因此有"匹夫无罪,怀璧其罪"之说。

[明] 佚名 《帝鉴图说·下车泣罪》

此图描绘的是大禹巡狩各地时,在路上遇到一队被押解的罪犯,便下车询问他们犯罪的缘由,并为他们犯罪感到自责,继而伤心垂泪的情景。该图设色明艳,线条流畅自然,画面颇具叙事感。

察己知人，察今知古

察度自己就可以了解别人，观察现在就可以推知过去。

【古语出处】

出自战国时期吕不韦及其门客编撰的《吕氏春秋》："先王之所以为法者，人也，而己亦人也。故察己则可以知人，察今则可以知古。"

【品谈老话】

推己及人，以今推古，可知如今制定法令没有必要完全遵循古法，而应根据当今的社会状况来制定新法。

[元] 四兽四凤纹镜

这是元朝铜器,是当时的一种礼器。圆镜的钮座为花瓣形圆钮,内区饰异兽纹,外区饰凤纹与花卉。

知人者智,自知者明

能了解他人叫作智慧,能了解自己才算通达。

【古语出处】

出自春秋时期老子的《道德经》:"知人者智,自知者明。"

【品谈老话】

懂得正确地认识自己,知晓自己的长处,了解自己的短处,是非常难能可贵的。

[清] 任伯年 《人物故实图》

图中远山屏立,烟岚起伏,云雾缭绕,金阁绮楼立于画面正中,四周林木葱郁,宛若仙境。阁内诸人站立,似迎远来故交。此图线条工细,画面明丽润泽。

省吾身,思己过

> 要时常反省自己,检讨自己的过错。

【古语出处】

出自《论语》:"吾日三省吾身:为人谋而不忠乎?与朋友交而不信乎?传不习乎?"

【品谈老话】

人要走得长远,活得正直,就必须时刻自省,不断反思自己的缺点和过错。

[近现代]　溥儒　《山水扇面》

　　此幅扇面所绘山脉尤为奇崛,山形随扇面展开不断地变幻,清泉自山间泻出。近处两棵奇崛古松,使画面显得更加古朴明丽。两名高士于山前展卷,观山水悟真意。

见山不是山,见水不是水

眼睛看到山,却知道那不仅仅是山;眼睛看到水,却也知道那不仅仅是水。

【古语出处】

唐代青原行思禅师说:"禅有悟时,看山不是山,看水不是水;禅中彻悟,看山仍然山,看水仍然是水。"

【品谈老话】

这句话所体现的是一种超越外物的人生境界。

尺有所短,寸有所长

尺比寸长,但与比尺更长的东西相比,就显得短了;寸比尺短,但与比寸更短的东西相比,就显得长了。

【古语出处】

出自战国时期屈原的《卜居》:"夫尺有所短,寸有所长;物有所不足,智有所不明;数有所不逮,神有所不通。"

【品谈老话】

我们看一个事物是否有用,不但要看它本身,更要看它所在的环境。

[清] 任熊 《屈原像》

屈原,芈姓,屈氏,名平,字原,战国时期楚国诗人、政治家。屈原自幼胸怀大志,早年受楚怀王信任,任左徒、三闾大夫,后因受排挤、诽谤而被流放。秦将白起攻破楚国国都后,屈原自沉于汨罗江,以身殉国。

[宋] 赵佶 《听琴图》

图中描绘的是官僚贵族雅集听琴的场景。松荫下，一人身着玄袍焚香抚琴，左右两边各端坐着一名文士，青袍文士旁侍立着一名童子。画面背景简洁，人物形貌刻画得生动传神。经后世学者考证，图中抚琴者正是赵佶本人。赵佶在艺术领域对后世影响颇大，但其为政期间耽于享乐，北宋内忧外患，危机四伏。最终国破家亡，赵佶也客死异乡。可见不论是治国还是做事，都应有长远的考虑。

听琴图

吟徵调商灶下桐
松间疑有入松风
仰窥低审含情客
以谓无弦一弄中
　　臣京谨题

人无远虑,必有近忧

人如果不为长远做考虑,就必定会有马上到来的忧患。

【古语出处】

出自《论语》:"子曰:'人无远虑,必有近忧。'"

【品谈老话】

目标是人们前进的灯塔,我们要学会树立远大的目标,早些为人生谋划,不要遇事手忙脚乱。

[清] 陈枚 《月曼清游图·闲亭对弈》

图中描绘的是在青石红杏的掩映中，妃嫔们在亭中对弈玩乐的场景。此图线条流畅工细，色彩鲜润亮丽，人物生动传神，体态婷婷。

言行如走棋,一动思三步

说话、做事就如同下棋一样,每走一步都要思考后面三步的走法。

【古语出处】

出自《论语》:"季文子三思而后行。子闻之,曰:'再,斯可矣。'"

【品谈老话】

这句话教导人们遇到事情要谋定而后动,在做事情之前要多思考,考虑清楚再做决定。

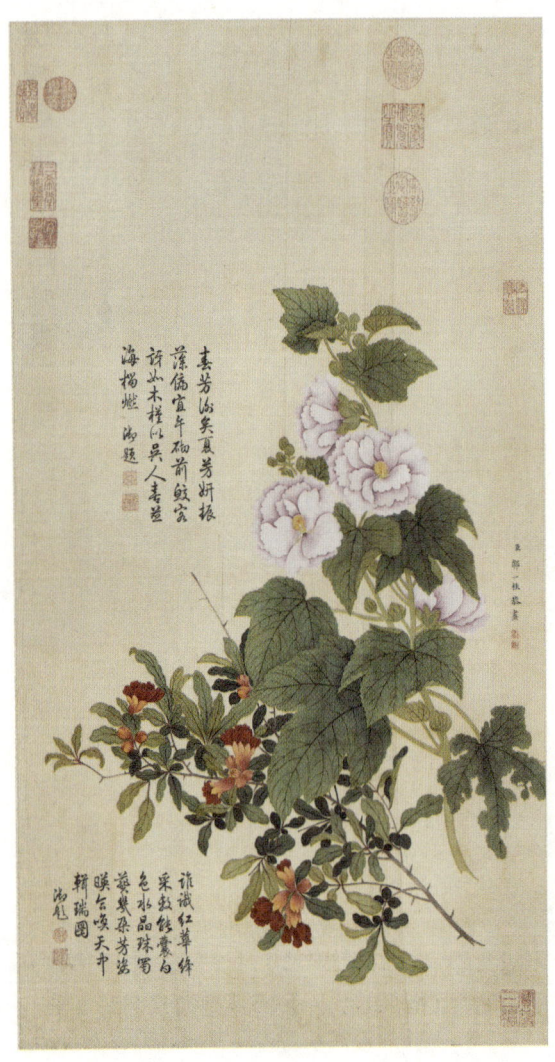

[清] 邹一桂 《蜀葵石榴轴》

绿叶丛中，蜀葵娇嫩，石榴明艳，画面秀雅。全图用色明净，韵味十足。

浓绿万枝红一点，动人春色不须多

一片浓绿下衬托出那一点红色，动人的春色不一定非要万紫千红。

【古语出处】

出自宋代王安石的《咏石榴花》："浓绿万枝红一点，动人春色不须多。"

【品谈老话】

打动人心不一定要用尽全力，学习这一点红花的智慧，用一股巧劲一样能够达到很好的效果。

自见者不明,自是者不彰

自我表现的人未必能显露自己,自以为是的人未必明白事理。

【古语出处】

出自春秋时期老子的《道德经》:"企者不立,跨者不行。自见者不明,自是者不彰,自伐者无功,自矜者不长。"

【品谈老话】

那些自以为高明、自吹自擂的人,他们的内心被虚荣心占据,进而做出一些轻浮、急躁的举动,但无法长久。

[明] 仇英 《仿明皇幸蜀图轴》

此图描绘的是唐代天宝年间安禄山反叛,兵陷长安,唐玄宗逃往蜀地避乱的沿途场景。全图用工笔重彩法,设色雅丽,丘壑泉石、烟云苍松、人物意态皆精描细染,又不失雅逸的气韵。

明式红酸枝软屉背錾如意纹圈椅

　　圈椅是一种圈背连着扶手、从高到低一顺而下的椅子。现可考证的最早的圈椅起源于唐代,周昉创作的《挥扇仕女图》中出现了圈椅。此明式圈椅用大红酸枝木制成,选材考究,用料严谨,坐面软屉藤编,舒适透气,是坐具中的精品。

取其所长,弃其所短

取它可用的长处,舍弃它无用的短处。

【古语出处】

出自宋代司马光等人编撰的《资治通鉴》:"夫圣人之官人,犹匠之用木也,取其所长,弃其所短。"

【品谈老话】

选拔人才就像木匠选取木材,要选择良木,舍弃朽木。

[清] 袁耀 《九成宫图》

杜甫曾有咏《九成宫》诗,袁耀根据该诗意画成此图。图绘群山云霭中,宫室楼台傍山而建,雕栏玉砌,金碧辉煌。此图线条流畅,用色古朴自然。

以绳墨取木,则宫室不成

如果用墨绳严格地量取木材,房屋就不能建成。

【古语出处】

出自战国时期吕不韦及其门客编撰的《吕氏春秋》:"以绳墨取木,则宫室不成矣。"

【品谈老话】

这句话告诉我们做人、做事不能太死板,要懂得变通。

它山之石，可以攻玉

其他山上的石头坚硬，可以用来打磨玉器。

【古语出处】

出自《诗经》："乐彼之园，爰有树檀，其下维榖。它山之石，可以攻玉。"

【品谈老话】

这句话告诉我们，他人成功的经验可以拿来借鉴，用于解决自己的问题。

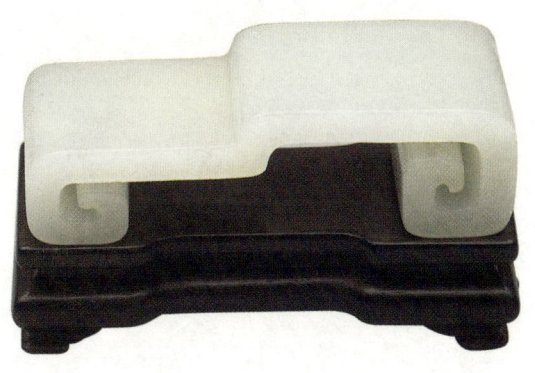

[清] 白玉墨床

墨床是我国传统文房用具之一,是用来搁置墨锭的小案架。清代墨床的制作材质从古铜、玉器,发展到红木、陶瓷、漆器等。墨床从文房承墨用具,发展成既可实用又可赏玩的艺术品。从传世的墨床看,玉质墨床最多,也最精巧。

[元] 刘贯道 《元世祖出猎图》

图绘沙漠中，黄沙无垠，画面中央有人骑数众，他们或张弓搭箭，或手架猎鹰，或持节警戒，均为马上行猎之态。其中身着白裘、骑着黑马的，应是元世祖。此图充分发挥了线条的表现力量。

千镒之裘,非一狐之白

价值千金的皮衣,并非是用一只狐狸的皮毛制成的。

【古语出处】

出自《墨子》:"是故江河之水,非一源之水也;千镒之裘,非一狐之白也。"

【品谈老话】

这句话阐述的是治国的道理:一个庞大的国家,需要集众人之力才能治理好。

[明] 陈洪绶 《抚琴图》

图绘两名女子遥对而坐，一女子倚石沉思，一女子桌前横陈一琴，琴囊未解，女子伏桌凝视前方。此图人物形貌刻画得生动传神，用色淡雅，表现出仕女们无所消遣的消极状态。

哀莫大于心死

> 最大的悲哀莫过于心如死灰。

【古语出处】

出自《庄子》:"夫哀莫大于心死,而人死亦次之。"

【品谈老话】

世间悲哀的事莫过于毫无斗志、心如死灰,已经全然失去了对生活的希望,和一具行尸走肉没什么区别。

[明] 王谔 《江阁远眺图轴》

图绘大江浩荡，对岸山峦、楼阁隐现在云海间。近处岸边的水榭中，有一人正向远处眺望。水榭后面山石奇崛，苍松挺拔。图中远景、近景遥遥相对，笔墨轻重得当，使画面显得气势开阔，意境幽远。

成事不说，遂事不谏，既往不咎

做过的事情就不必再提了，已经完成的事情就不必再去劝说了，已经过去的事情也不必再追究了。

【古语出处】

出自《论语》："成事不说，遂事不谏，既往不咎。"

【品谈老话】

当我们无法改变已经发生的事情时，要调整心态，学会放下，立足现在，放眼未来，才能做好后面的事情。

[元] 佚名 《货郎图页》

图中三名货郎腰别纸伞,在茶摊旁席地而坐,对饮交谈。他们身旁放着各自的货担,上面货品繁多。此图以重色勾画货架,以工笔手法勾勒人物,真实地记录了当时百姓的生活状态。

人弃我取,人取我予

当人们不需要某物时,商人会以低价买入;当人们再需要时,商人会再以高价卖出。

【古语出处】

出自汉代司马迁的《史记》:"李克务尽地力,而白圭乐观时变,故人弃我取,人取我与。"

【品谈老话】

商人要善于把握商机,这样才可以牟取最大的利益。在取和予之间,蕴含着千古不变的商业智慧。

没有规矩,不成方圆

> 没有规和矩,就不会有规整的圆形和方形。

【古语出处】

出自《孟子》:"不以规矩,不能成方圆。"

【品谈老话】

这句话告诉人们做事要遵循一定的规则,要有底线、有原则,不能胡作非为。

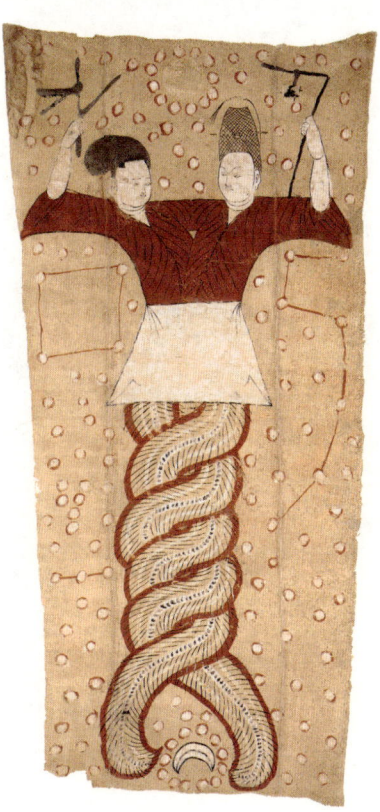

[唐] 佚名 《伏羲女娲像页》

图绘人首蛇身男女二人：男居左，头戴笔冠，左手执矩；女居右，右手执规。两人均着绛红色胡装，腰间共裹白裙，上身相拥，尾巴则缠绕成螺旋状。在神话故事中，伏羲所执矩象征地，女娲所执规象征天。

[明] 钱穀 《竹亭对棋图》

图中水岸边的竹亭里有二人对弈,二人侍奉。竹亭外幽篁苍翠,芭蕉几株,对岸奇松高立。竹亭前清溪潺潺,溪上小桥横架,一位仆人正端物行来。全图用色淡雅,更显景色雅致,清幽惬意,别有韵味。

当局者迷,旁观者清

当事人看问题容易糊涂,而旁观的人却看得很清楚。

【古语出处】

出自五代后晋《旧唐书》:"当局称迷,傍观见审。"

【品谈老话】

下棋的人往往容易被棋局迷惑,在旁观看的人常常能够保持清醒。相比于当事人,旁观者更容易看清楚问题所在。

亡羊而补牢,未为迟也

> 羊走失以后,赶快修补羊圈,还不算晚。

【古语出处】

出自汉代刘向整理编订的《战国策》:"见兔而顾犬,未为晚也;亡羊而补牢,未为迟也。"

【品谈老话】

犯错误并不可怕,可怕的是一错再错。犯了错误要及时改正,并倾尽全力去挽回损失。

[清] 赵福(传) 《羊图》

图绘五只羊在水边觅食饮水,其中两只成羊与两只雏羊正在饮水,一只成羊仰观虬树绿叶,似欲食树叶。水边水草丰茂,水面平远开阔,众羊形态生动,意趣十足。

[明] 佚名 《帝鉴图说·谏鼓谤木》

图绘尧舜在位时，在朝堂设谏鼓谤木，起广开言路、倾听民意、鼓励民众积极谏言的作用。此图设色明艳，线条流畅，人物神态生动自然。

大智兴邦,不过集众思

才智出众的人之所以能够让国家强盛,不过是汇集了大家的智慧。

【古语出处】

出自清代金缨的《格言联璧》:"大智兴邦,不过集众思;大愚误国,只为好自用。"

【品谈老话】

一个人的智慧是有限的,只有能汇集众人智慧的人才能成就大事。

[明] 仇英 《帝王道统万年图册·汉高祖》

汉朝开国皇帝汉高祖刘邦,字季,沛县丰邑中阳里(今江苏省徐州市丰县)人,我国古代著名的政治家、战略家。刘邦出身农家,为人豁达,知人善任,虚心纳谏。此图色调以青绿重彩为主,设色鲜艳华丽。

前事不忘,后事之师

不要忘记从前的经验教训,这些可以作为今后做事的借鉴。

【古语出处】

出自汉代刘向整理编订的《战国策》:"臣观成事,闻往古,天下之美同,臣主之权均之能美,未之有也。前事之不忘,后事之师。君若弗图,则臣力不足。"

【品谈老话】

人要善于吸取他人失败的教训,以免日后重蹈覆辙。

[明] 丁云鹏 《庐山高图》

图绘庐山高耸,飞瀑直下,两位士子携仆人观泉于秋林。山间云雾蒸腾,草木繁茂,湍流不绝。全图用笔工妙紧实,用色厚重肃穆,峰峦树石各显其态,足见绘者功底深厚。

不识庐山真面目,只缘身在此山中

人们之所以看不清庐山的真正面目,只是因为他们身处庐山之中。

【古语出处】

出自宋代苏轼的《题西林壁》:"横看成岭侧成峰,远近高低各不同。不识庐山真面目,只缘身在此山中。"

【品谈老话】

人所处的位置不同,看问题的角度就不同,对客观事物的认识难免具有一定的片面性。因此,想要了解一个事物就必须全面观察,不能只看一面。